颖川堂评报
CDV REPORT

评报

华语圈腕表收藏风向标
2011
Trendsetting Watches in Chinese Markets

颖川堂 主编

辽宁科学技术出版社

策划：颖川堂
主编：颖川堂

图书在版编目（CIP）数据

颖川堂评报：华语圈腕表收藏风向标. 2011 / 颖川
堂主编. — 沈阳：辽宁科学技术出版社, 2012.5
ISBN 978-7-5381-7434-2

Ⅰ. ①颖… Ⅱ. ①颖… Ⅲ. ①手表—收藏—世界
Ⅳ. ① G894

中国版本图书馆 CIP 数据核字 (2012) 第 067367 号

颖川堂 评报
CDV REPORT

出版发行：辽宁科学技术出版社
（地址：沈阳市和平区十一纬路 29 号　邮编：110003）
印刷者：常熟市双乐彩印包装有限公司
经销者：各地新华书店
幅面尺寸：210mm x 270mm
印张：7
出版时间：2012 年 5 月第 1 版
印刷时间：2012 年 5 月第 1 次印刷
责任编辑：郭健
装帧设计：颖川堂有限公司
责任校对：魏春爱

书号：ISBN 978-7-5381-7434-2
定价：50.00 元
联系电话：024-23284536，13898842023
邮购电话：024-23284502
E-mail：rainbow_editor@163.com
http://www.lnkj.com.cn
鸣谢：颖川堂有限公司
香港地址：香港北角渣华道 8 号威邦商业中心 1702 室
电话：(852) 25081318
传真：(852) 25086238
网址：www.cdv.com.hk
电子邮箱：cdv@netvigator.com
大陆地址：上海市静安区延安西路 129 号华侨大厦 1910 室
电话：(021) 62492700

评报综述

这一次我又再面对任性的沉醉。

世界就是这样，有些事不要问，有些人不要等。不要问的事，就是不问结果随心而为的任性事情。我想，这次的颖川堂评报也属于此类吧。

大家都知道，许多年前我主持过两岸三地的十大名表评选。不管人们今天怎么看当年的结果，谁都不能否定它对促进名表市场发展所起的重大作用。在十大评选里，有七八个品牌认为自己理所当然入选处之淡然，只有两三个品牌觉得是幸运快乐了一阵子，而在此之外的起码有二三十个品牌很不开心，啰嗦埋怨了十几年，至今没有可以翻案的机会。我安慰这一大堆品牌的老大，名表嘛，有名气而已，出品的不一定是好表。

这一次，完了。

王寂与张澍生两兄，发起要搞一个好表的每年评选，以纠正大中华市场某些受品牌错误宣传引出的迷思。我的第一反应是，这次将会得罪比以前更多的品牌，也让专门以搬弄是非攻击同行为主业的人有更多的话柄。但细想之下，这个提议本身是有心的而且也是真诚的。召集资深的爱表专业媒体人，找来各地最有江湖地位的实物收藏家，以他们的名誉点评出自己认为近年来最出色的表，的确也是一件快事。所以，明知道将会引起麻烦，我同意用最大资源促成此举。当然，颖川堂评报不是分猪肉，得奖的只有最最实至名归的很小部分，甚至连提名者也几乎屈指可数，难以面面俱圆。只能这样对尚未雀屏中目的厂家说，要得到这个珍贵奖项，自己在创作方面努力吧。

我得说，由专家评选最好的表，颖川堂评报并非首创。15年前，还在趾高气扬视品牌反应如无物的日本媒体就搞过相类似的奖项。日本经济大衰退之后，这种傲气早已消失无踪，人前人后说话的声音也小了，行动也更斯文了。我想，在华语圈搞这样的评报，阻力大，但不至于需要前倨后恭。我更希望的是能在这个圈子起一个带头作用，用真心说真话，"无畏皇帝"不应该变成"无钵乞儿"。

于是，纵千万人吾往矣！

9位港澳台三地顶级富豪手表收藏专家联袂评选

锺泳麟　张澍生　王进龙　余志华　叶树荣　霍飞乐　蓝思晴　佘宗明　王寂

华语圈腕表收藏风向标
Trendsetting Watches in Chinese Markets

公平、公正、权威，具有绝对的实际消费指导意义

Contents
目录

评奖规则

◆ 基本准则

1. 颖川堂评报共设6个奖项，共计11个款式。其中年度表王最终出线1款，其余5个奖项各出线2款。

2. 获奖表款精确到具体款式型号，但不限定具体表壳材质、表盘颜色等。

3. 除年度表王外，其他参选表款以在市场上还比较容易买到为准则，如果是限量款，限量数量要多于1000只。如已停产，停产年份不得早于2000年。即便如此，也存在于旗舰店以及代理店均无现货，只有在拍卖会或者二手市场寻求的可能性。

4. 由于此评报针对内地及港澳台涵盖所有华语圈，表款定价、以及实际购入价具有折扣区别，因此，实际购入的价格可能会有20%以内的上下浮动。

5. 可能有些品牌在此期间已经提前发布下一年新款进行预热，这些表款不在本年参评之列。

6. 对于当年新款，在评报推出之际，部分表款也可能尚未上市，评委只是在展会见到过样品，并不具有佩戴经历及长期测评经历，因此对于这部分表款评委仅能依靠长期收藏及鉴赏经验做出价值判断。

7. 当年的获奖表款，未来三年内不得再次参选。

◆ 评选流程

1. 评委在组委会统一发放的表格中，填写自己心目中各个奖项的入围表款，分别不少于两只，最多三只。

2. 每位评委评选出的入围表款前期并不予任何方式公开，直到集体评选日当天，评委集体为每一款表打分。

3. 打分采用10分制，去掉最高和最低，取平均分，得分最高的获奖。

4. 每位评委不得为自己所选表款的表单打分。

5. 如奖项中有三款表或以上获得相同的分数，将对获得相同分数的表款进行新一轮评分。

◆ 奖项说明

10万元运动表最佳推荐

非贵金属表壳，如不锈钢、钛金属或不锈钢PVD等。适合日常粗戴，适合相对强度的运动，适合搭配休闲装。防水深度100米及以上（足够支持日常游泳）。具有运动表外形和特质的表款均可。

20万元日常男表最佳推荐

贵金属表壳，非金属表带，适合日常工作或商务场合佩戴，可有一些实用功能。

20万元日常女表最佳推荐

不限定表壳材质，但必须要有钻石或其他珠宝装饰。适合日常佩戴，可有一些实用功能。

50万元功能表最佳推荐

贵金属表壳，不限定表带材质。具有一定的复杂功能，如万年历、计时、飞返计时、追针计时等，甚至诸多复杂功能的集合。具有一定收藏及欣赏价值，同时也会考虑佩戴的舒适性和效果。

30万元小众表最佳推荐

年产量5000只以下的小厂或独立制表人的作品。知名度不及高产量品牌，但表款却极为精彩。不限制风格古典或前卫。

年度表王

评委心目中的年度表王，不计价钱高低，不论产量多寡，只追求最精彩、最奢华，可以是多种复杂功能的累加，包括多种华贵宝石的镶嵌。

评委介绍

锺泳麟先生
（亚洲顶级钟表收藏家、评论家）

他是中国人的钟表老师，他所创办的颖川堂出版集团及旗下的《名表论坛》、《名表新知》、《时间·艺术》、《进口手表年鉴》等一直是华人圈里最具权威的钟表出版物。人们口口相传的"十大名表"正是锺泳麟先生早年与一众钟表收藏家、评论家在国内钟表市场的萌芽时期开创，在当年对于国内的钟表消费者来说有着绝对的指导意义。2011年9月，他更是发起并创办了中国首个高端国际钟表展——中国国际钟表展（CIWE）。

张澍生先生
（大陆收藏家）

人称豪哥，爱表喜酒，偶有钟表美食文章散见于报刊。所从事行业与钟表无关，却十几年如一日从不间断自费在日内瓦和巴塞尔两展往来。常年混迹于几大拍卖行，喜新不厌旧。

王进龙先生
（台湾王永昌钟表店老板，顶级收藏家）

台湾首屈一指的钟表大师，在钟表行业洗礼30余年，1994年独立一人制作出台湾第一只王氏No.1陀飞轮怀表。他及他所经营的王永昌古董钟表店在华人钟表收藏圈中可以说无人不知。他所经手、维修的顶级钟表藏品无数，这些宝贵经验及图文资料曾经浓缩编入《钟表艺术》，被钟表收藏、爱好者誉为"宝典"，是目前最权威的中文钟表著作之一。

余志华先生
（香港收藏家）

从事服装业，职业背景使其对钟表时尚有天生敏感。特别关注创新品牌，敢为人先，藏品贵而精。为人低调豪爽，朋友相会每以名酒美食相伺，其藏酒之数量质量足以跻身任何名酒评选之评委。

叶树荣先生
（香港收藏家）

从事玩具业，职业背景培养了他对微机结构的特殊品位。钟表收藏30年，品牌繁杂，尤喜机芯复杂或独特者。相机收藏也是强项，但独沽Leica。其秘而不宣的夙愿是与同好开藏表个展。

霍飞乐先生
（澳门收藏家）

在众多的收藏家中，霍飞乐先生称得上是其中为数不多的技术派或称动手派。他痴迷于钟表精巧的内部结构，在他家中，有完备的工作台及整套专业工具，曾经独立制作出大陆第一只陀飞轮手表，而那些具备三问、万年历等高复杂功能的钟表在他手中更变得不再神秘。

蓝思晴女士
（《芯动》杂志总编辑）

读字写字维生，写诗写表写品位，写人生写世界写生命。她所谓的人生，就是历经终极一切的复杂接着化为简单平凡，机械钟表亦如是。

佘宗明先生
（香港钟表评论人，《游丝》杂志前主编，《名表》主编）

自1992年任《人车志》编辑，1998年任《武刚车纪》的特约编辑，2000年任《号外》编辑，2004年创办《游丝腕表杂志》。佘宗明先生写了十多年表，但写得最多的其实是影评。过去十多年写作散见于香港多份报刊，除了以上提到的，以前还有《信报》，现在还有《Jet》。个人著作有《当我还年轻的时候》、《听歌·睇戏·看小说》、《认识腕表的第一堂课》和《完全腕表手册》。2011年初创办手表网站SIMONWATCH.COM和中文数码手表杂志《表志》，2011年底重投印刷传媒行业，创办《名表》杂志。

王寂先生
（大陆钟表媒体《时间·艺术》杂志出品人）

他力学扶桑，曾专攻法国文学，另对艺术、美食及美酒也均有涉猎。对于钟表更是嗅觉敏锐，见解犀利而独到。他所"导演"的《时间·艺术》够专业、够深度，且个性鲜明，创刊后的几年中迅速在国内成长为一本标杆式的钟表专业刊物。

Eleven Watch of The Best in 2011

2011颖川堂评报获奖榜单

2011年度表王

PATEK PHILIPPE（百达翡丽）
Ref.5208
复杂之极致。

铂金表壳，直径42mm。鳄鱼皮表带配折叠扣。Cal. R CH 27 PS QI自动机芯，直径32mm，厚度10.35mm，

58石，701个零件，摆频每小时21,600次，48小时动力储存。

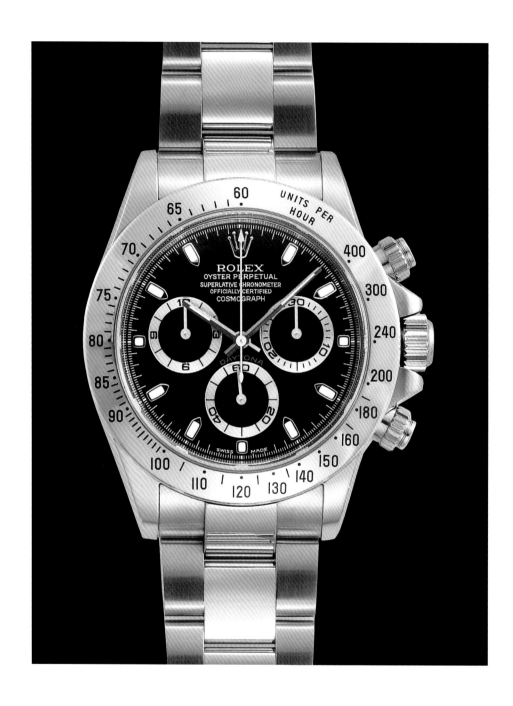

ROLEX（劳力士）
Daytona 迪通拿不锈钢计时表 Ref.116520

生产量多，容易买到，精确耐用，复古设计，经典不言而喻。904L不锈钢表壳，直径40mm，防水深度100m。不锈钢链带配折叠扣。Cal.4130自动机芯，290个零件，摆频每小时28,800次，72小时动力储存。

PANERAI（沛纳海）
Luminor Submersible 1950 3 Days Automatic Bronzo PAM00382

表壳设计具有品牌强烈的性格特征，并创新使用特殊的青铜材质，时尚、复古，搭配自制机芯。价格不贵，但是限量发售，物以稀为贵，具有罕见的保值、升值空间。*青铜表壳，直径47mm，防水深度300m。棕色皮革表带配大号钛金属针扣，另附一条备用表带。Cal. P.9000自动机芯，厚度7.9mm，28石，197个零件，摆频每小时28,800次，双发条盒，3天动力储存。限量1,000只。*

A. LANGE & SÖHNE（朗格）
Richard Lange 大三针

近代少见的手动机芯大三针手表，功能实用，定价也很有吸引力。18K黄金、红金或铂金表壳，直径40.5mm。Cal.L041.2手动机芯，厚度6mm，26石，199个零件，摆频每小时21,600次，38小时动力储存。

AUDEMARS PIGUET（爱彼）
Royal Oak Selfwinding Cal.3120

外形和内芯俱佳的长青款式，已经作古的尊达先生远
帆归航的神来之笔——皇家橡树，是爱彼乃至表坛
几十年的经典款式。Cal.3120是爱彼最好（没有之
一）的自动机芯，结构优美坚固，打磨修饰完美，只
是生不逢地才没有日内瓦印记，还造就了今天香奈儿
J12的传奇。*18K红金表壳，直径39mm，防水深度50
米。鳄鱼皮表带配折叠扣。Cal.3120自动机芯，直径
26.6mm，厚度4.25mm，40石，278个零件，摆频每小
时21,600次，60小时动力储存。*

BREGUET（宝玑）
Reine De Naples Ref.8908

高贵气质自然流露，优雅无与伦比，美艳绝伦。不同评委的点评都竭尽赞美之词。18K黄金或白金表壳，尺寸36.5mm×28.45mm，防水深度30米，镶嵌128颗钻石，总重约0.83克拉。Cal.537 DRL1自动机芯，22石，摆频每小时21,600次，40小时动力储存。

PATEK PHILIPPE（百达翡丽）
Ref.4958

K金表壳，镶钻，小三针和月相功能，百达翡丽品牌价
值，手动机械机芯，可谓内外兼修、美貌与智慧并存。

18K黄金或白金表壳，直径31mm，防水深度30米，镶
嵌128颗钻石，总重约0.83克拉。Cal.16-250 PS LU手动
机芯，直径20mm，厚度2.95mm，18石，115个零件，
摆频每小时28,800次，38小时动力储存。

H. MOSER & CIE.（亨利慕时）
Perpetual 1 万年历 1

极致古典，机芯工艺超群。万年历功能操作简易，面盘极简，可称简约万
年历手表的代表。瞬跳日期尤其迷人。18K红金、白金或铂金表壳。Cal.
HMC 341.501手动机芯，7天动力储存。

LAURENT FERRIER（罗伦斐）
Galet Micro Rotor 小三针

极为复古造型，返归手表本质。内部机芯细节装饰令人惊艳，同时还采用了少见的硅游丝双直接冲击擒纵，出色、稀有。*18K红金或白金表壳，直径40mm，厚度10.7mm，防水深度30米。鳄鱼皮表带配折叠扣。Cal.FBN 229.01自动机芯，直径31.6mm，厚度4.35mm，34石，186个零件，摆频每小时21,600次，80小时动力储存。*

A. LANGE & SÖHNE（朗格）
Datograph大日历视窗手动计时表

古雅的计时盘面设计同时搭配大日历窗口，手动计时
机芯更是绝美。*18K红金或铂金表壳，直径39mm，厚
度12.8mm。Cal.L951.1手动机芯，直径30.6mm，厚度
7.5mm，405个零件，摆频每小时18,000次，36小时动
力储存。*

PATEK PHILIPPE（百达翡丽）
Ref.5960

系出名门，功能齐全，实用保值。18K铂金或红金表壳，直径40mm，防水深度30米。鳄鱼皮表带配折叠扣。Cal. CH 28-520 IRM QA 24H自动机芯，直径33mm，厚度7.68mm，40石，456个零件，摆频每小时28,800次，55小时动力储存。

2011颖川堂评报评审团推荐表款

颖川堂评报最终获奖表款的评选过程并不复杂，用的是再普遍不过「去最高及最低，之后取平均分」的算法。然而这些表款的入围并不简单，颖川堂评报的9位评委共选出了百余表款，这些表款均是评委们依据自己多年从业或购表经验推举出来，尽管2011年最终获奖的只有二款，其实每一款入围表款也都不简单。在此将这些表款逐一罗列，并附上评委的推荐理由。如果您偶尔还会为买何种款式的手表发愁，那么这将是您最好的购表指南。同时，评委们还为本书特别增加推荐了「30万功能表」，对于其精彩的功能而言，它的价格足够诱人。

10

万元运动表最佳推荐

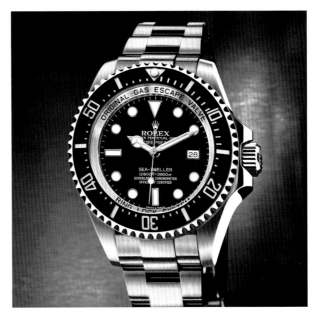

ROLEX（劳力士）
Daytona 迪通拿不锈钢计时表 Ref.116520

从1980年代开始，自动上弦的Daytona就是全世界表迷的追寻目标，不管是初学者，还是资深收藏家均如是。它性能超卓，造型美观，最吸引人的是价钱定得相宜。2000年开始，Daytona采用表现优异的自产机芯，便一直有肯付超定价购买的人，足证口碑载道。904L不锈钢表壳，直径40mm，防水深度100米。不锈钢链带配折叠扣。Cal.4130自动机芯，290个零件，摆频每小时28,800次，72小时动力储存。

ROLEX（劳力士）
DeepSea

潜水表是运动表的最重要支柱。源出于Sea-Dweller的DeepSea，口径加大了，潜水深度也加强到1189.158912米。相类的性能，或者说可堪比拟的精彩设计细节，我相信多付一倍的钱也无法在别的品牌找得到。不锈钢表壳，直径44mm，防水深度3,900米。不锈钢链带配可伸缩折叠扣。Cal.3135自动机芯，48小时动力储存。

TAG HEUER（豪雅）
Monaco Calibre 12 Chronograph

我很喜欢它的复古造型。最著名的赛车电影中Paul Newman戴的计时表，其实是Monaco而不是Daytona。新款有原汁原味，机芯也更加好，身价保持得甚是坚挺。不锈钢表壳，直径39mm，防水深度100米。Cal.12自动机芯，摆频每小时28,800次。

ROLEX（劳力士）
Daytona 迪通拿不锈钢计时表 Ref.116520

不是说没有更好的运动表，但在这个价格范围内，Ref.116520
似乎是第一选择。好的品牌，认知度高，坚固耐用。缺点是外形
不够时尚，不是透底。*904L不锈钢表壳，直径40mm，防水深度
100米。不锈钢链带配折叠扣。Cal.4130自动机芯，290个零件，摆
频每小时28,800次，72小时动力储存。*

VACHERON CONSTANTIN（江诗丹顿）
Overseas

Overseas是VACHERON CONSTANTIN（江诗丹顿）运动
表的常青树，相当长一段时间与PATEK PHILIPPE（百达翡
丽）的鹦鹉螺和AUDEMARS PIGUET（爱彼）的皇家橡树并
称为三大高档休闲表，可惜的是，这个价位只能买到大三针而不
是计时款式。*不锈钢表壳，直径42mm，防水深度150米。Cal.1226
自动机芯，摆频每小时28,800次，40小时动力储存。*

HUBLOT（宇舶）
Big Band 陶瓷计时表

Big Bang款式近年上升势头很猛，造型时尚，材料前卫。陶
瓷、橡胶带和全黑色充满运动基因。缺点是机芯不够精美。*黑
色陶瓷表壳，直径41mm。Cal.HUB 1145自动机芯，摆频每小时
28,800次。*

AUDEMARS PIGUET（爱彼）
Royal Oak Offshore Chronograph

皇家橡树是AUDEMARS PIGUET（爱彼）的经典表款，这款离岸运动表既流行又是名牌，识别度高、防水性好，是实用的表款。不锈钢或钛金属表壳，直径42mm，防水深度100米。Cal.3126/3840自动机芯，摆频每小时21,600次，60小时动力储存。

ROLEX（劳力士）
Daytona 迪通拿不锈钢计时表 Ref.116520

配有坚固耐用的自制机芯Cal.4130，是ROLEX（劳力士）近代研发的自动上链机芯，拥有准确、坚固耐用的特性又具有防水防震及精密的计时功能，而且是热门表款，几乎都是超定价在卖，很具有保值的功能。904L不锈钢表壳，直径40mm，防水深度100米。不锈钢链带配折叠扣。Cal.4130自动机芯，290个零件，摆频每小时28,800次，72小时动力储存。

ROLEX（劳力士）
Daytona 迪通拿不锈钢计时表 Ref.116520

大多数人都有至少拥有一只ROLEX为手表的选择，如只能选一个型号，则非黑面DAYTONA莫属。904L不锈钢表壳，直径40mm，防水深度100米。不锈钢链带配折叠扣。Cal.4130自动机芯，290个零件，摆频每小时28,800次，72小时动力储存。

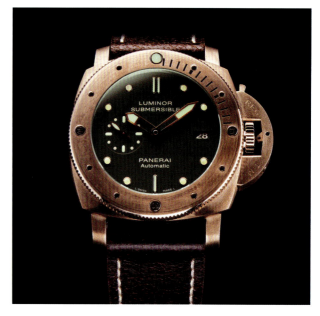

PANERAI（沛纳海）
Luminor Submersible 1950 3 Days
Automatic Bronzo PAM00382

以青铜制成潜水表外壳，创意令人佩服，外壳氧化使每一只手表均独一无二，更突出Ref.PAM00382的独特性。青铜表壳，直径47mm，防水深度300米。棕色皮革表带配大号钛金属针扣，另附一条备用表带。Cal. P.9000自动机芯，厚度7.9mm，28石，197个零件，摆频每小时28,800次，双发条盒，3天动力储存。限量1,000只。

ZENITH（真力时）
El Primero Striking 10th

回归正道，可喜可贺，推出可测量1/10秒的El Primero计时机芯，1/10秒跳秒计时秒表，表盘划分为100个刻度，每走一格即1/10秒，每10秒一圈。不锈钢表壳，直径42mm，防水深度100米。El Primero Cal.4052 B自动机芯，摆频每小时36,000次，50小时动力储存。

叶树荣推荐

ROLEX（劳力士）
DeepSea

无可置疑，从实用、耐用、性价比的角度来看，ROLEX（劳力士）DeepSea Ref.116660必入考虑之列，这一款在结构及外观上刚性充足，新的Cal.3135机芯可靠性一致认同，日常粗戴，甚至职业潜水，此表一定不会买错。不锈钢表壳，直径44mm，防水深度3,900米。不锈钢链带配可伸缩折叠扣。Cal.3135自动机芯，48小时动力储存。

SEIKO（精工）
Ananta Spring Drive Chronograph

SEIKO（精工）Spring Drive的创新科技想不必在这里重新介绍，其打磨及修饰比高级瑞士表实不锱多让，准确度更随时比较优胜，将Spring Drive加个潜水壳，Power Reserve外再加个GMT，约一只入门ROLEX（劳力士）的价钱，不失为一个中肯选择。不锈钢表壳，防水深度100米。不锈钢链带配折叠扣。Cal.5R86自动机芯，50石，416个零件，72小时动力储存。

ROLEX（劳力士）
Daytona 迪通拿不锈钢计时表 Ref.116520

生产量大、认知度高、容易买到、精确耐用、价格超值。无论日用、运动、宴会，动静佳宜。是年轻人，特别是钟表爱好者"初哥"的最佳选择。*904L不锈钢表壳，直径40mm，防水深度100米。不锈钢链带配折叠扣。Cal.4130自动机芯，290个零件，摆频每小时28,800次，72小时动力储存。*

BREGUET（宝玑）
Type XX Aéronavale

在频繁的计时操作中，一般计时表的操作是起动、停止、返回、再起动，有时实在显得烦琐费时，因此具飞返功能的计时表在实际应用中优势明显。*不锈钢表壳，直径39mm，防水深度100米。Cal.582自动机芯。*

PANERAI（沛纳海）
Luminor Submersible 1950 3 Days
Automatic Bronzo PAM00382

沛纳海使用海洋古典帆船使用的特殊青铜材质打造表壳，拥有品牌一贯的海洋精神，同时也是市场上少有的材质款式，表款搭配自制机芯，有品牌强烈性格特征，限量款式，物稀为贵。青铜表壳，直径47mm，防水深度300米。棕色皮革表带配大号钛金属针扣，另附一条备用表带。Cal. P.9000自动机芯，厚度7.9mm，28石，197个零件，摆频每小时28,800次，双发条盒，3天动力储存。限量1,000只。

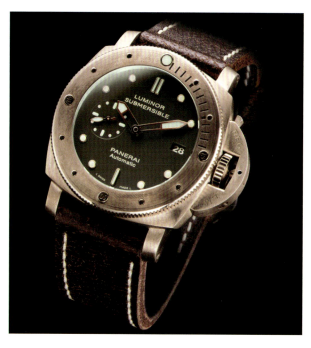

ROLEX（劳力士）
Submariner Date

辨识度极高的经典款式设计，著名的日期放大窗口镜面兼备实用与外观的独特性。ROLEX（劳力士）一向的精准度性能见长，简单的三针与日期显示更能突显其百年的机能优先的造表理念。不锈钢表壳，直径40mm。Cal.3135自动机芯，摆频每小时28,800次，48小时动力储存。

BREITLING（百年灵）
Superocean 42

最入门款式之一，定价十分合理。设计鲜明具备基础实用功能、外型正装休闲活动皆适合，高防水性、瑞士天文台认证性能，是性价比高的日常配戴的运动风格款式。不锈钢表壳，直径42mm，防水深度1,500米。Cal.17自动机芯，摆频每小时28,800次，40小时动力储存。

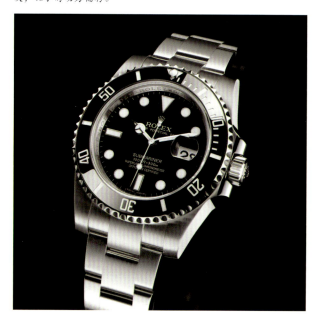

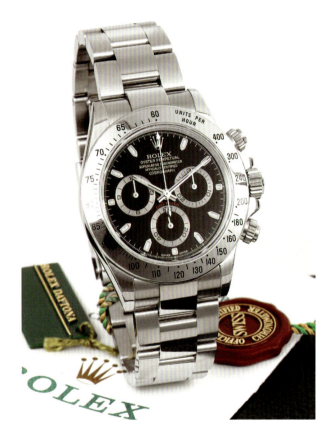

PANERAI（沛纳海）
Luminor 1950 8 Days Chrono
Monopulsante GMT PAM00275

喜欢PANERAI（沛纳海）的PAM00275，自家机芯，单按钮计时，有8日链，有GMT，这个组合罕逢敌手，我尤其喜欢那个厚度的凸透表镜。不锈钢表壳，直径44mm，防水深度100米。鳄鱼皮表带配针扣。Cal.P.2004/1手动机芯，直径31mm，厚度8.2mm，29石，摆频每小时28,800次，8天动力储存。

ROLEX（劳力士）
Daytona 迪通拿不锈钢计时表 Ref.116520

喜欢ROLEX（劳力士）的Daytona，是因为品牌？是因为机芯？是因为样子？是因为人人都抢着要？统统都是原因。904L不锈钢表壳，直径40mm，防水深度100米。不锈钢链带配折叠扣。Cal.4130自动机芯，290个零件，摆频每小时28,800次，72小时动力储存。

ROLEX（劳力士）
Daytona 迪通拿不锈钢计时表 Ref.116520

ROLEX（劳力士）时至今日在市场还被人评之曰俗气。我很奇怪。我经常说，这个世界上没有俗的表，只有俗的人。何况Daytona Ref.116520这一款，和通常人们所谓俗的ROLEX（劳力士），还根本不是一个世界。一流的做工，超级的精准和耐用，经典不变的款式，以及满分的舒适程度，它的当选，绝无悬念。904L不锈钢表壳，直径40mm，防水深度100米。不锈钢链带配折叠扣。Cal.4130自动机芯，290个零件，摆频每小时28,800次，72小时动力储存。

BVLGARI（宝格丽）
Diagono Calibro 303

BVLGARI（宝格丽）之前有极为畅销的款式，叫Scuba，曾经包括今天都在日本卖得疯狂，因为它的设计感实在很好。Diagono，其实就是Scuba衍生品，2011年的新款用自产303自动机芯，内外兼修。不锈钢或不锈钢间18K红金表壳，直径42mm，防水深度100米。Cal.303自动机芯，摆频每小时21,600次，40小时动力储存。

PANERAI（沛纳海）
Luminor Submersible 1950 3 Days
Automatic Bronzo PAM00382

没有人可以忽略品牌的价值，没有人可以抵制升值的诱惑；没有人可以忽视别人艳羡的目光，没有人不愿意尝试一下青铜表壳的魅力，这，就是如此当炒的PANERAI（沛纳海）PAM00382，这是它在评委们一致故意不要选过于热门的表的情况下依然当选的理由。青铜表壳，直径47mm，防水深度300米。棕色皮革表带配大号钛金属针扣，另附一条备用表带。Cal. P.9000自动机芯，厚度7.9mm，28石，197个零件，摆频每小时28,800次，双发条盒，3天动力储存。限量1,000只。

20

万元日常男表最佳推荐

PATEK PHILIPPE（百达翡丽）
Ref.5116

简单的PATEK PHILIPPE（百达翡丽），有自成一格的代表着Calatrava风范的优雅。Ref.5116采用了白瓷表面，显得更为珍贵。在这个价位级，它应该是最值得首先购入的基本款。*18K白金表壳，直径36mm。Cal.215 PS手动机芯，摆频每小时28,800次，44小时动力储存。*

PIAGET（伯爵）
Altiplano 43mm Cal.1208P

超薄机芯是PIAGET（伯爵）的强项，我很高兴他们再度将世界最薄提到挑战目标上。在手表口径加大的时候，这一点是颇为重要的。如果能找到两针的限量版，我建议就不要买小三针的，前者的观感更良好。*18K白金表壳，直径43mm。Cal.1208P自动机芯，摆频每小时21,600次，40小时动力储存。*

OMEGA（欧米茄）
Hour Vision Annual Calendar

秉承了碟飞的外型，Hour Vision本身就好美。它的机芯已是自创的设计，不再有被人诟病为ETA的烦恼。我很喜欢此中的年历表，它实在太简洁太好用了。就不说高性能，市场上价格还有没有更便宜的年历表，想不出来。*18K红金或不锈钢表壳，直径41mm，防水深度100米。Cal.8611自动机芯，55小时动力储存。*

AUDEMARS PIGUET（爱彼）
Royal Oak Selfwinding Cal.3120

外形和内芯俱佳的长青款式，已经作古的尊达先生远帆归航的神来之笔——皇家橡树，是爱彼乃至表坛几十年的经典款式。Cal.3120是爱彼最好（没有之一）的自动机芯，结构优美坚固，打磨修饰完美，只是生不逢地才没有日内瓦印记，还造就了今天香奈儿J12的传奇。18K红金表壳，直径39mm，防水深度50米。鳄鱼皮表带配折叠扣。Cal.3120自动机芯，直径26.6mm，厚度4.25mm，40石，278个零件，摆频每小时21,600次，60小时动力储存。

PATEK PHILIPPE（百达翡丽）
Ref.5164A

PATEK PHILIPPE（百达翡丽）的"地雷"很适合日常佩戴，但功能单一，今年出了两地时，是出国人士的福音，左边两地时的调校键使壳形更显对称。不锈钢表壳，直径40.8mm，防水深度120米。Cal.324 S C FUS自动机芯，摆频每小时28,800次，45小时动力储存。

GLASHÜTTE ORIGINAL（格拉苏蒂）
Senator Ewiger Kalender

很多人不知道这个价位可以买到金的万年历，它像简单表一样显示清晰，是表盘设计最佳的万年历，没有Made in Germany表的人，赶快上手。18K红金表壳，直径42mm。Cal.100-02自动机芯，摆频每小时28,800次，55小时动力储存。

PATEK PHILIPPE（百达翡丽）
Ref.5712

Ref.5712是PATEK PHILIPPE（百达翡丽）有功能、运动款的入门表，它搭载Cal.240的基础机芯，具有时分小秒针日期、48小时动力及月相盈亏显示，它是40mm大表径而且是超薄的表款，识别度高，也是很实用的表款，是PATEK PHILIPPE（百达翡丽）金鹰系列的经典作。18K红金、白金或白金间红金表壳，直径40mm。Cal.240 PS IRM C LU自动机芯，摆频每小时21,600次，48小时动力储存。

A. LANGE & SÖHNE（朗格）
Lange 1 Timezone

设计与一般的世界时都有不同，机芯是特别为这种显示方式而设计。铂金、18K红金或黄金表壳，直径41.9mm。Cal.L031.1手动机芯，摆频每小时21,600次，72小时动力储存。

PIAGET（伯爵）
Altiplano 43mm Cal.1208P

为庆祝1960年推出的12P机芯50周年，推出厚度仅2.35mm的 Cal.1208P自动机芯，以小三针设计，使表盘营造出多层次的感觉。*18K白金表壳，外圈镶嵌88颗钻石，总重约0.8克拉。直径43mm。Cal.1208P自动机芯，摆频每小时21,600次，40小时动力储存。*

AUDEMARS PIGUET（爱彼）
Jules Audemars 超薄

表壳直径41mm而可以造出厚度仅6.7mm的超薄表，令人配戴舒适，造型典雅高贵。*18K白金表壳，直径41mm。Cal.2120自动机芯，摆频每小时19,800次，40小时动力储存。*

PATEK PHILIPPE（百达翡丽）
Ref.5196

适合上班及商务佩戴，小三针款式日久常新，不受时间限制。*18K红金、黄金、白金或铂金表壳，直径37mm。Cal.215 PS手动机芯，摆频每小时28,800次，44小时动力储存。*

GIRARD-PERREGAUX（芝柏）
1966 Full Calendar Palladium

GIRARD-PERREGAUX（芝柏）的1966系列基本上是典雅的怀旧作品，加大的表壳为它带来一点时尚感，薄机芯再为它添上了一点贵气，Full Calendar 好用又不贵，Palladium 壳再将它带上一层楼。钯金表壳，直径40mm。鳄鱼皮表带配钯金针扣。Cal.GP033MO自动机芯，直径25.93mm，27石，摆频每小时28,800次，46小时动力储存。限量199只。

PIAGET（伯爵）
Altiplano Double Jeu

很美丽的作品，再一买开二，各装上不同的超薄机芯，真真正正、名副其实的两地时间，清楚利落，名贵大方。任何场合，由旅游至出席国宴皆宜。18K红金表壳，双层可开启设计，直径43mm。双手动机芯。上层：Cal.838P手动机芯，直径26.8mm，厚度12mm，19石，131个零件，摆频每小时21,600次，60小时动力储存；下层：Cal.832P手动机芯，直径26.8mm，厚度12mm，19石，135个零件，摆频每小时21,600次，60小时动力储存。

A. LANGE & SÖHNE（朗格）
Richard Lange 大三针

时分秒，钟表的最基本功能。手上弦，最简单的上弦机构。大三针，清晰显示每一秒是近代少见的手动大三针表。18K黄金、红金或铂金表壳，直径40.5mm。Cal.L041.2手动机芯，厚度6mm，26石，199个零件，摆频每小时21,600次，38小时动力储存。

PATEK PHILIPPE（百达翡丽）
Ref.5146

品牌知名度高，自动上弦，时、分、秒、日历、周历、月历、月相、年历，日常功能齐全。18K红金、白金或铂金表壳，直径39mm。Cal.324 S IRM QA LU自动机芯，摆频每小时28,800次，45小时动力储存。

JAEGER-LECOULTRE（积家）
Mater Hometime

JAEGER-LECOULTRE（积家）最精简且最古典的设计就属 Master系列，这一款拥有两地时间显示实用功能，设计经典大方，红金配上白色面盘隽永迷人，价格合理，40毫米表径，任何尺寸手腕都佩戴得宜。18K红金表壳，直径40mm。Cal.975H自动机芯，摆频每小时28,800次，48小时动力储存。

A. LANGE & SÖHNE（朗格）
Saxonia Thin

德国表设计简洁，风格隽永，但多半体积厚重，A. LANGE & SÖHNE（朗格）首见超薄表款设计，延续德式经典简约风格，且拥有漂亮精致的机芯制作，方方面面都是款百看不厌的好表。18K红金表壳，直径40mm。Cal.L093.1手动机芯，摆频每小时21,600次，72小时动力储存。

HERMÈS（爱马仕）
Time Suspended

时间的呈现一向有规则，HERMÈS（爱马仕）却发挥诗意将时间藏起来，运用了复杂的导柱轮逆跳结构，创造出独特的趣味显时功能、值得玩味的机芯设计，外型拥有爱马仕独有的优雅高尚，很耐人寻味。18K红金表壳，直径43mm。自动机芯，摆频每小时28,800次，42小时动力储存。

F.P.JOURNE
Octa Réserve de Marche

在这个级别想要与别不同，不容易，但F.P.Journe做得到，我的首选是Octa Réserve de Marche，偏心式时分盘，有双窗日历，有动力储备显示，有5日链，有红金机芯。18K白金或红金表壳，直径40mm，厚度10.6mm。鳄鱼皮表带或18K金链带。Cal.1300.3自动机芯，直径30.8mm，厚度5.7mm，37石，257个零件，摆频每小时21,600次，120小时动力储存。

A. LANGE & SÖHNE（朗格）
Richard Lange 大三针

在这个级别中，Richard Lange根本没有对手，根本没有一枚同级对手的造工可比Richard Lange更漂亮。18K黄金、红金或铂金表壳，直径40.5mm。Cal.L041.2手动机芯，厚度6mm，26石，199个零件，摆频每小时21,600次，38小时动力储存。

PATEK PHILIPPE（百达翡丽）
Ref.5127

因为已经言明是日常佩戴，我觉得自动机芯的更加实用。同时，它是大三针结构，大秒针如风走动，有时间的流逝感。日历，当然是实用的另一种依托。*18K白金、红金或黄金表壳，直径37mm，防水深度30米。Cal.324 S C自动机芯，摆频每小时28,800次，45小时动力储存。*

AUDEMARS PIGUET（爱彼）
Jules Audemars 超薄

日常佩戴，我觉得超薄的表，很适合我们中国人的审美，尽管它没有中央大秒针，但是它胜在极为精到的超薄机芯，正面的简约与背面的华贵，形成鲜明对比。*18K白金表壳，直径41mm，防水深度20米。Cal.2120自动机芯，摆频每小时19,800次，40小时动力储存。*

BREGUET（宝玑）
Ref.7027

日常佩戴里还可以有更为个性鲜明的选择，像这一款表，就具有浓重的历史感觉，虽然看时间并不像前两者那么清晰明了，但作为一种个性化的格调的选择，它是可以有的。*18K白金或红金表壳，直径37mm，防水深度30米。Cal.507DR手动机芯，50小时动力储存。*

20

万元日常女表最佳推荐

BREGUET（宝玑）
Reine De Naples Ref.8908

虽然管理层几乎一致反对，当年海耶克先生依然力排众异要求在巴塞尔展出此表，结果好评如潮。现在，它肯定是BREGUET（宝玑）销售得最好的系列，证明海耶克先生独具慧眼。请看整个市场，既复古又创新的作品有多少？尤其是女表。*18K黄金或白金表壳，尺寸36.5mm×28.45mm，镶嵌128颗钻石，总重约0.83克拉。Cal.537 DRL1自动机芯，22石，摆频每小时21,600次，40小时动力储存。*

PATEK PHILIPPE（百达翡丽）
Ref.4897

现代的女表应该大一些，就算是新的Ref.7119，我也觉得小了。Ref.4897有33毫米的口径，一圈钻，配与俄罗斯超级珠宝名店Faberge作品相类的雕花地透明漆，华贵气派喷薄而出。它还有透明表背呢，得以欣赏原本在男表使用的215机芯。它有三种颜色的漆面供选择。*18K红金或白金表壳，外圈镶嵌72颗钻石，总重约0.47克拉，直径33mm，防水深度30米。Cal.215手动机芯，摆频每小时28,800次，44小时动力储存。*

GIRARD-PERREGAUX（芝柏）
Cat's Eye Small Second

它有一定的附加功能，也有造型方面的美感，与BREGUET（宝玑）的那不勒斯皇后堪称一时瑜亮。不能否认那不勒斯皇后是大胆的首创，但"猫眼"便宜呀。*18K红金表壳，尺寸35.4mm×30.4mm，镶嵌62颗钻石，总重约0.85克拉，防水深度30米。Cal.GP03300-0044自动机芯，摆频每小时28,800次，46小时动力储存。*

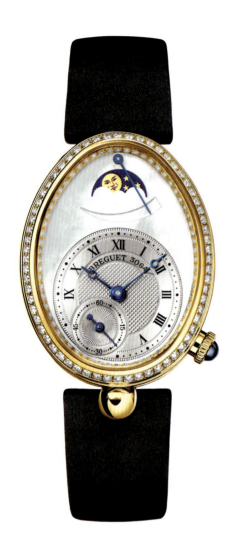

BREGUET（宝玑）
Reine De Naples Ref.8908

近年设计最成功的女表，时尚华贵也古典，超女、淑女通杀，在这个价位上，说不上有什么缺点了。18K黄金或白金表壳，尺寸36.5mm×28.45mm，镶嵌128颗钻石，总重约0.83克拉。Cal.537 DRL1自动机芯，22石，摆频每小时21,600次，40小时动力储存。

PATEK PHILIPPE（百达翡丽）
Ref.7041R

表王的女表设计一直乏善可陈，Ref.7071R计时表出来之后开始改观。秉承了Lady First的基因，用了久经考验的Cal.215机芯，正装、日常俱佳。18K红金表壳，尺寸30mm×33.8mm，镶嵌108颗钻石，总重约0.31克拉。Cal.215 PS手动机芯，摆频每小时28,800次，44小时动力储存。

BREGUET（宝玑）
Reine De Naples Ref.8908

鹅蛋外形少见，颇具吸引力，机芯也做了特别处理，使得月相和能量储存在机芯范围以外。*18K黄金或白金表壳，尺寸36.5mm×28.45mm，镶嵌128颗钻石，总重约0.83克拉。Cal.537 DRL1自动机芯，22石，摆频每小时21,600次，40小时动力储存。*

PATEK PHILIPPE（百达翡丽）
Ref.4958

PATEK PHILIPPE（百达翡丽） 大部分现代女表都是石英机芯，这只是机械、月相、小秒针，造型经典，还镶了钻。*18K黄金或白金表壳，直径31mm，镶嵌128颗钻石，总重约0.83克拉。Cal.16-250 PS LU手动机芯，直径20mm，厚度2.95mm，18石，115个零件，摆频每小时28,800次，38小时动力储存。*

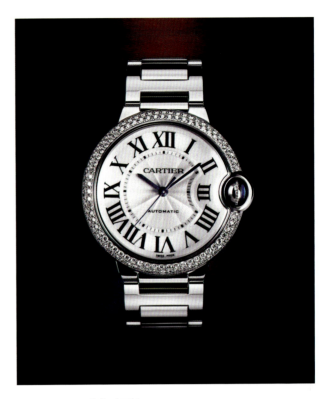

BREGUET（宝玑）
Reine De Naples Ref.8908

近代女表，论设计、卖相、无出其右，高贵典雅，月相更是一绝。
18K黄金或白金表壳，尺寸36.5mm×28.45mm，镶嵌128颗钻石，总重约0.83克拉。Cal.537 DRL1自动机芯，22石，摆频每小时21,600次，40小时动力储存。

CARTIER（卡地亚）
Ballon Bleu M Sizes

日常用表，适合多种场合，有现代感，宜静亦宜动。*18K红金或白金表壳，直径36.6mm。Cal.076自动机芯。*

PATEK PHILIPPE（百达翡丽）
Twenty Four

已成为大部分女士必然购买之手表之一，有多种组合可以选择，适合多种场合佩戴。*18K红金或白金表壳，尺寸25mm×30mm。Cal.E15石英机芯。*

BREGUET（宝玑）
Reine De Naples Ref.8908

自推出以来，个人从未遇上一个不喜欢这表的女性，甚至男性。蛋形表壳美艳绝伦，机械自动在女装表难得一见，基本钻石内圈已相当细致，其他花巧的变化目不暇给，丰俭由人，美不胜收。*18K黄金或白金表壳，尺寸36.5mm×28.45mm，镶嵌128颗钻石，总重约0.83克拉。Cal.537 DRL1自动机芯，22石，摆频每小时21,600次，40小时动力储存。*

VAN CLEEF & ARPELS（梵克雅宝）
Amoureux

时间的演绎匠心独运，用一男一女在拱桥上相对而行，到相会后只一分钟就退回起步点从头来过，周而复始，生生不息，表达的概念甚为感人。**VAN CLEEF & ARPELS**（梵克雅宝）造工细致，**物有所值**。*18K白金表壳，直径38mm。一男一女造型双回跳式指针。机械机芯。*

BREGUET（宝玑）
Reine De Naples Ref.8908

与众不同，温柔娇媚，高贵气质自然流露。18K黄金或白金表壳，
尺寸36.5mm×28.45mm，镶嵌128颗钻石，总重约0.83克拉。Cal.537
DRL1自动机芯，22石，摆频每小时21,600次，40小时动力储存。

PATEK PHILIPPE（百达翡丽）
Ref.4897

上等钻石，超薄机芯，镶钻佳作。18K红金或白金表壳，外圈镶
嵌72颗钻石，总重约0.47克拉，直径33mm。Cal.215手动机芯，摆
频每小时28,800次，44小时动力储存。

CORUM（昆仑）
Miss Golden Bridge

数十年的金桥直线形微型机芯排列已经成为表界最独一无二的经典设计，横向摆置直线机芯且前后透明镜面的表款设计，美感与机械技术完美结合，令热爱工艺的女性不能不爱。18K红金或白金表壳，尺寸43mm×21mm。Cal.CO113手动机芯，摆频每小时28,800次，40小时动力储存。

AUDEMARS PIGUET（爱彼）
Lady Automatic

Royal Oak的表壳阳刚，大尺寸的变化却少见女性适合的款式，即使喜欢的女性也难佩戴。现在女表款式拥有独一无二爱彼皇家橡树标志性设计，尺寸更适合女性佩戴，还可选择表圈镶钻款式，自动上链也更实用方便。不锈钢表壳，直径33mm，镶嵌32颗钻石，总重约0.65克拉。Cal.2140自动机芯，摆频每小时28,800次，40小时动力储存。

GIRARD-PERREGAUX（芝柏）
Cat's Eye Small second

横向的椭圆形设计本不多见，面盘上特殊的设计独特亮丽，结合了简约大方的线条，却增添了些许的面盘趣味，GIRARD-PERREGAUX（芝柏）机芯设计一向质感细腻，各方面皆属佳作表现。18K红金表壳，尺寸35.4mm×30.4mm，镶嵌62颗钻石，总重约0.85克拉，防水深度30米。Cal.GP03300-0044自动机芯，摆频每小时28,800次，46小时动力储存。

DIOR（迪奥）
VIII Grand Bal

在这个价位可以买的女装表，钻石跟出色的机芯，两者只能二选一，DIOR（迪奥）的 VIII Grand Bal是少数两者兼备的，而且十分高贵，可以戴去参加晚宴。黑色陶瓷和不锈钢表壳，直径38mm，黑色珍珠贝母刻纹表盘配镶钻装饰摆陀。"Dior Inversé"自动机芯。40小时动力储存。

PATEK PHILIPPE（百达翡丽）
Nautilus Lady Ref.7008

在20万元左右的级别中，既有钻石又有出色机芯的女装表十分罕有，PATEK PHILIPPE（百达翡丽）的Nautilus Lady Ref.7008是不二之选，高贵之余，戴来上班也可以。不锈钢表壳，直径33.6mm，外圈镶嵌50颗钻石，约0.71克拉，防水深度120米。不锈钢链带配折叠扣。Cal.324 S C自动机芯，直径27mm，厚度3.3mm，29石，213个零件，摆频每小时28,800次，45小时动力储存。

BREGUET（宝玑）
Reine De Naples Ref.8908

在我心目中，迄今为止，平时戴的表，最美的是PATEK PHILIPPE（百达翡丽）Ref.4897G，白金搭配蓝色盘面蓝色绢质表带，高雅又富贵；第二只，便是这Reine De Naples Ref.8908，图片远远不能表达出它的魅力，它是那种极为浪漫的，极为优雅的，也极为淑女的天使般的美好。18K黄金或白金表壳，尺寸36.5mm×28.45mm，镶嵌128颗钻石，总重约0.83克拉。Cal.537 DRL1自动机芯，22石，摆频每小时21,600次，40小时动力储存。

PATEK PHILIPPE
Ref.4897

我超级喜欢这只表，款式够新，透明表背，尤其是18K白金、蓝色表盘蓝色表带的版本，在各类传媒上，我已不遗余力地推荐，具品牌价值，简单素雅，机械机芯，有钻石点缀，高贵宁静，适合各种场合，多少溢美之辞，都不为过。18K白金或红金表壳，直径33mm，防水深度30米，外圈镶嵌72颗钻石，总重约0.47克拉。Cal.215手动机芯，摆频每小时28,800次，44小时动力储存。

JAQUET DROZ（雅克德罗）
Hommage Paris 1785-Heure Astrale

女人戴表，戴的是什么？简约，大气，时尚，有奢华感，适当表现自己独特的审美眼光，那么这一款，具有法式优雅意式浪漫的Hommage Paris 1785-Heure Astrale，绝对够格。当然，必须是上乘的机械机芯。18K白金表壳，直径39mm，黑漆表盘镶嵌178颗钻石，总重约0.58克拉。自动机芯，68小时动力储存。

30

万元小众表最佳推荐

LAURENT FERRIER
Galet Micro Rotor 小三针微型摆陀手表

我喜欢这款表，因为它很PATEK PHILIPPE（百达翡丽），甚至比PATEK PHILIPPE（百达翡丽）还PATEK PHILIPPE（百达翡丽）。如果不是有了硅游丝，大概会以为Laurent Ferrier退休时夹带了一批古老PATEK PHILIPPE（百达翡丽）机芯出来做成的。这家小工房的机芯打磨相当精美，也许就仅在PHILIPPE DUFOUR之下矣。*18K红金或白金表壳，直径40mm，厚度10.7mm。鳄鱼皮表带配折叠扣。Cal.FBN 229.01自动机芯，直径31.6mm，厚度4.35mm，34石，186个零件，摆频每小时21,600次，80小时动力储存。*

RALPH LAUREN
Sporting Wood Dial

Ralph Lauren先生对设计细节的严谨，可以在这款表上看得到。古董跑车的仪表板，完美地在面盘上呈现。有人会说皮带的式样很古老，其实是Ralph Lauren先生要求与皮座位完全一致的结果。我当然很喜欢FA Jones的机芯，它在表内营造了不寻常的美学效果。*不锈钢表壳，直径44.8mm。Cal.RL98295手动机芯，摆频每小时18,000次，45小时动力储存。*

H. MOSER & CIE.
Henry Double Hairspring

一家"小"工厂，创意却源源不绝，真该令一些在大财团支高薪却无所作为的CEO们汗颜。我不算喜欢他们的万年历，因为中央那根短指针的缘故。但对双游丝的摛纵，却是情有独钟。还可以整组拆卸更换呢，真的是高科技时代的先驱者。*18K红金、白金或铂金表壳。Cal.HMC324.607手动机芯，4天动力储存。*

H. MOSER & CIE.
Perpetual 1 万年历 1

我曾写过《天空没有翅膀的痕迹，但我已飞过》盛赞这块表，所以没理由不推荐。它用匪夷所思又异常简单的手法攻克了万年历的最后一个技术堡垒。18K红金、白金或铂金表壳。Cal.HMC 341.501手动机芯，7天动力储存。

LAURENT FERRIER
Galet Micro Rotor 小三针微型摆陀手表

里外俱佳，只是欣赏她的古典。18K红金或白金表壳，直径40mm，厚度10.7mm。鳄鱼皮表带配折叠扣。Cal.FBN 229.01自动机芯，直径31.6mm，厚度4.35mm，34石，186个零件，摆频每小时21,600次，80小时动力储存。

RICHARD MILLE
Ref.RM005 钛金属手表

相信很多人不屑留意这个品牌，离经叛道，很怪也很贵。对她的误解是因为没有上过手，但我只推荐钛金属版本的，轻得不可思议。钛金属表壳，尺寸38mm×45mm。Cal.RM005自动机芯。

F.P.JOURNE
Octa Five-Day Automatic Chronograph

显示排布古典清晰，K金机芯。18K红金表壳，直径38mm。
Cal.1300自动机芯，120小时动力储存。

H. MOSER & CIE.
Perpetual 1 万年历 1

布局简洁，构思创新，自主开发的机芯，而且不贵。18K红金、
白金或铂金表壳。Cal.HMC 341.501手动机芯，7天动力储存。

F.P.JOURNE
Octa Automatique Réserve

F.P.Journe是一位值得敬重的制表大师，有自己的风格，不会随波逐流。OCTA系列，简洁设计独一无二，机芯的厚度亦不会因不同的机械结构而改变。*18K白金或红金表壳，直径40mm。Cal.1300.3自动机芯，摆频每小时21,600次，160小时动力储存。*

LAURENT FERRIER
Galet Micro Rotor 小三针微型摆陀手表

采用微形摆陀，用了双直接撞击擒纵，造工精致，打磨技术好，拥有古典手表的美感。*18K红金或白金表壳，直径40mm，厚度10.7mm。鳄鱼皮表带配折叠扣。Cal.FBN 229.01自动机芯，直径31.6mm，厚度4.35mm，34石，186个零件，摆频每小时21,600次，80小时动力储存。*

H. MOSER & CIE.
Perpetual 1 万年历 1

是市场上唯一可以在2011年2月28日24时零2秒，日历由28日瞬间跳至3月1日的万年历，大家可以自行测试。*18K红金、白金或铂金表壳。Cal.HMC 341.501手动机芯，7天动力储存。*

CYRUS
Klepcys

非常另类，但未流于标奇立异，分明是一个成功挑战工艺技术的炫耀，自转的回跳时计，加上两个同步异速恒转的分和秒盘，另一套自转及回跳的日期显示，加上一个精雕但不转，而用一个活动盖的月相显示，创意及难度不胜枚举，有此表坛新秀，值得我们重视。*18K红金表壳，直径48mm。鳄鱼皮表带配折叠扣。Cal. CYR598自动机芯，37石，456个零件，摆频每小时28,800次，40小时动力储存。*

H. MOSER & CIE.
Perpetual Moon Platinum

不单是美，是美得简约和脱俗，一个一千年才有一天误差的特大月相显示和特别的超准确调校系统，对我们的作用不大，但一根不起眼的日夜显示小针与7天的动力储存加起来令这骤眼看来简单的表充满内涵。*铂金（另有18K红金）表壳，直径40.8mm。Cal. HMC348.901手动机芯。7天动力储存。*

H. MOSER & CIE.
Perpetual 1 万年历 1

万年历表要显示年月日，结构复杂，能做到显示简约实在不简单，此款表是简约万年历表的代表。18K红金、白金或铂金表壳。Cal.HMC 341.501手动机芯，7天动力储存。

H. MOSER & CIE.
Perpetual 1 万年历 1

难得精致的机芯制作工法呈现。拥有极为简易的操作万年历功能，瞬跳的大日期动作尤其迷人。小众自有其妙趣之乐，这一只特别在各方面都表现优异。18K红金、白金或铂金表壳。Cal.HMC 341.501手动机芯，7天动力储存。

LAURENT FERRIER
Galet Micro Rotor 小三针微型摆陀手表

曾获奖受到表扬的创作，其机芯不但细节惊人，技术上以硅游丝双直接冲击的擒纵设计也是少见，具有强大实力。18K红金或白金表壳，直径40mm，厚度10.7mm。鳄鱼皮表带配折叠扣。Cal. FBN 229.01自动机芯，直径31.6mm，厚度4.35mm，34石，186个零件，摆频每小时21,600次，80小时动力储存。

VOUTILAINEN
Chronometer Calibre 27

这一个制表师是目前瑞士几个特别有才华与工艺兼备的制表师之一，其作品繁多，这一只是最近推出的少见方形表壳、机芯设计。VOUTILAINEN精致的手工艺打造，精密精准的高振频机芯，采用自由收放游丝，在独立制表师中诚属优美精致之作。18K白金表壳，尺寸44mm×31.5mm。Cal.360手动机芯，摆频每小时36,000次u，40小时动力储存。

LAURENT FERRIER
Galet Micro Rotor 小三针微型摆陀手表

最新的宠儿一定是LAURENT FERRIER这枚Galet Micro Rotor，用珍珠陀，有不一样的擒纵系统，不过最重要的还是设计古典，机芯造工漂亮。*18K红金或白金表壳，直径40mm，厚度10.7mm。鳄鱼皮表带配折叠扣。Cal.FBN 229.01自动机芯，直径31.6mm，厚度4.35mm，34石，186个零件，摆频每小时21,600次，80小时动力储存。*

ROGER SMITH
Series Two

一直都很喜欢ROGER SMITH的Series Two，什么都是自己造，爱它的表面Guilloche，爱表面那支箭形指针，爱机芯上的雾面打磨，更因为真的十分少，真的十分罕有。*18K红金或铂金表壳，直径38mm。手动机芯，直径32mm，摆频每小时18,000次。*

LAURENT FERRIER
Galet Micro Rotor 小三针微型摆陀手表

很难想象一个新生品牌会获得如此的荣耀，获得如此众多收藏家的青睐，也许不久之后它的名字会被更多人所熟知。Laurent Ferrier，创始人的名字，他的履历最亮点，是在PATEK PHILIPPE（百达翡丽）任职了半辈子。他的表有不是奢华的奢华，外表平凡，机芯复杂却又打磨精彩到位。18K红金或白金表壳，直径40mm，厚度10.7mm。鳄鱼皮表带配折叠扣。Cal.FBN 229.01自动机芯，直径31.6mm，厚度4.35mm，34石，186个零件，摆频每小时21,600次，80小时动力储存。

H. MOSER & CIE.
Perpetual 1 万年历 1

写作这段文字的时候，正是3月1日，昨天是29日，有很多朋友在比拼谁的万年历跳得更快，我则没有参加这个有钱有闲的游戏，因为我知道，迄今还没有任何表，可以比Perpetual 1的动作更快。这是迄今最简约、操作最便利的万年历，何况，它的机芯处理，也极为精美奢华。18K红金、白金或铂金表壳。Cal.HMC 341.501手动机芯，7天动力储存。

F.P.JOURNE
Octa Automatique Réserve

F.P.JOURNE的表，我将之归为小众的一类，因为它固然名气已经很响，产量却依然相当的有限。我很喜欢它的格调，很古典，但又极有自己的语言，它的设计，一眼就可以看出。很多表款，都用纯金机芯，可谓是奢华至极。30万元的小众表里，很难买到它的双摆频每小时，更难买它的百分之一秒计时，动力储存，是优雅、日常、低调又具品位的选项。18K白金或红金表壳，直径40mm。Cal.1300.3自动机芯，摆频每小时21,600次，160小时动力储存。

30

万元功能表最佳推荐

PATEK PHILIPPE（百达翡丽）
Ref.5146

30万元以下的半复杂功能表，其实上次我已将中意的选入50万元那级了。不过，我觉得不能少了PATEK PHILIPPE（百达翡丽）的Ref.5146，它的影响力在全世界都很大，而且看来销量历久不衰。新款使用了硅游丝，以性能表现来说应该更出色。

18K红金、白金或黄金表壳，直径39mm。Cal. 324 S IRM QA LU自动机芯，直径32mm，厚度5.32mm，36石，355个零件，摆频每小时28,800次，45小时动力储存。

A. LANGE & SÖHNE（朗格）
Saxonia Annual Calendar

又是一款年历表，好像我对年历表有特别的嗜好。但，A. LANGE & SÖHNE（朗格）的这一款特别讨好，我敢说它是A. LANGE & SÖHNE（朗格）最美的表，或者说是世上最美的两三款年历表之一。很德国的四分之三夹板自动机芯，有珍珠陀之美，又在性能上**超越珍珠陀。在世界各地，它都是抢手货色。**18K红金或白金表壳，直径38.5mm，厚度9.8mm。Cal. L085.1自动机芯，直径30.4mm，厚度5.4mm，43石，476个零件，摆频每小时21,600次，46小时动力储存。

JAEGER-LECOULTRE（积家）
Duomètre à Chronographe

近十年来，JAEGER-LECOULTRE（积家）的机芯创新令人瞠目结舌，但外形设计和机芯打磨差强人意，这一只的表盘和打磨都远超JAEGER-LECOULTRE（积家）的平均水平。铂金、18K红金或18K黄金表壳，直径42mm。鳄鱼皮表带配折叠扣。Cal.380手动机芯，直径33.7mm，厚度6.95mm，48石，390个零件，双发条盒，摆频每小时21,600次，50小时动力储存。18K黄金款限量300只。

PATEK PHILIPPE（百达翡丽）
Ref.5726A

年历表的典范，也是鹦鹉螺的典范，表盘排布工整易读，适合上班、Party或运动全天候佩戴。不锈钢表壳，直径40.5mm，防水深度120米。鳄鱼皮表带配折叠扣。Cal. 324 S QA LU 24H自动机芯，直径32.6mm，34石，347个零件，摆频每小时28,800次，45小时动力储存。

A. LANGE & SÖHNE（朗格）
1815 Chronograph

与Datograph采用同一基础机芯，我一直认为它是世界上最好的计时机芯，操作手感好，打磨细腻，同时还有一个漂亮的雕花摆轮夹板。这款与Datograph相比去掉了大日历视窗，表盘更加清爽，当然，价格也自然实惠些。*18K白金或红金表壳，直径39.5mm，厚度10.8mm。鳄鱼皮表带配针扣。Cal.L951.5手动机芯，直径30.6mm，厚度6.1mm，40石，306个零件，摆频每小时18,000次，60小时动力储存。*

PATEK PHILIPPE（百达翡丽）
Ref.5205

表壳尺寸适中，实用的年历功能与月相、24小时显示搭配，表盘布局设计得很舒服，同时具有很好的保值能力。*18K白金表壳，直径40mm。鳄鱼皮表带配针扣。Cal. 324 S QA LU 24H自动机芯，直径32.6mm，厚度5.78mm，34石，347个零件，摆频每小时28,800次，45小时动力储存。*

VACHERON CONSTANTIN（江诗丹顿）
Patrimony Traditionnelle World Time

世界时表面美丽，同时可以照顾到15、30及45分钟时区，而且不需额外按钮便可调校时间，功能独特创新。18K红金表壳，直径42.5mm，鳄鱼皮表带配红金折叠扣。Cal.2460 WT自动机芯，日内瓦印记，直径36.6mm，厚度8.1mm，27石，摆频每小时28,800次，40小时动力储存。

PATEK PHILIPPE（百达翡丽）
Ref.5726A

搭载年历机芯的Nautilas皮带款式，散发迷人的时尚及优雅，表盘上各项功能的编排简洁易读，动静皆宜。不锈钢表壳，直径40.5mm，防水深度120米。鳄鱼皮带配折叠扣。Cal. 324 S QA LU 24H自动机芯，直径32.6mm，34石，347个零件，摆频每小时28,800次，45小时动力储存。

JAEGER-LECOULTRE（积家）
Duomètre à Chronographe

JAEGER-LECOULTRE（积家）独有的"双翼"机芯，包含两个独立的动力系统，各自供应日常时间及计时组件的动力，互不干扰，以避免因计时组件的开关影响对其他部件的稳定动力供应，自动归零的飞返秒针、1/6秒计时显示及多项功能，令人目不暇接。铂金、18K红金或18K黄金表壳，直径42mm。鳄鱼皮表带配折叠扣。Cal.380手动机芯，直径33.7mm，厚度6.95mm，48石，390个零件，双发条盒，摆频每小时21,600次，50小时动力储存。18K黄金款限量300只。

VACHERON CONSTANTIN（江诗丹顿）
Patrimony Traditionnelle World Time

这个世界时间显示很有意思，亦相当实用，VACHERON CONSTANTIN（江诗丹顿）将基本的世界时间功能再加上一个半光半暗的透明转碟，随着时间的转动将全世界的日夜随时显现，一目了然，典雅，动静皆宜。18K红金表壳，直径42.5mm，鳄鱼皮表带配红金折叠扣。Cal.2460 WT 自动机芯，日内瓦印记，直径36.6mm，厚度8.10mm，27石，摆频每小时28,800次，40小时动力储存。

JAEGER-LECOULTRE（积家）
Duomètre à Chronographe

具手表上罕见的"日内瓦双向上弦系统"结构及1/6飞秒功能、结构复杂、功能好玩、价格合理。铂金、18K红金或18K黄金表壳，直径42mm。鳄鱼皮表带配折叠扣。Cal.380手动机芯，直径33.7mm，厚度6.95mm，48石，390个零件，双发条盒，摆频每小时21,600次，50小时动力储存。18K黄金款限量300只。

GLASHÜTTE ORIGINAL（格拉苏蒂）
Senator Calendar Week

很多人可能忘了这只表的存在，不过这却是我一直钟爱的表款。虽然周历只有对航运人员才有实用性质，周历也只有欧洲地区通用，但是这一只12点钟位置周历显示，在回到原点的急速翻阅归零的功能，使用了百多个零件只为了这个显示，我着实佩服其对工艺与功能的追求。18K红金表壳，直径40mm，厚度13mm。鳄鱼皮表带配折叠扣。Cal.100-05自动机芯，直径31.15mm，厚度4.2mm，摆频每小时28,800次，55小时动力储存。

ROGER DUBUIS（罗杰杜彼）
Excalibur Chronograph

绝佳的导柱轮计时码表结构，操作手感流畅，日内瓦工艺打造的机芯一向绝美精致，大胆的外型也不掩其内在的实力表现。18K红金表壳，直径42mm或45mm。鳄鱼皮表带配折叠扣。Cal.RD78自动机芯，直径31mm，厚度5.8mm，36石，303个零件，摆频每小时28,800次，42小时动力储存。限量88只。另有不锈钢款，限量280只。

JAEGER-LECOULTRE（积家）
Master Tourbillon

在这个价位能够买到陀飞轮已经几乎匪夷所思，而且还是
JAEGER-LECOULTRE（积家）的出品，竟然有日历，有24
小时的GMT显示，你还想怎样？不锈钢表壳，直径41.5mm。鳄
鱼皮带配折叠扣。Cal.978自动机芯，厚度7.05mm，33石，302个零
件，摆频每小时28,800次，48小时动力储存。

GLASHÜTTE ORIGINAL（格拉苏蒂）
Senator Ewiger Kalender

在这个级别里，**GLASHÜTTE ORIGINAL**（格拉苏蒂）的
Senator万年历是超值之选，表面布局清晰好看，实用美观，不
用买金壳，钢壳更超值。不锈钢表壳，直径42mm。Cal.100-02自动
机芯，摆频每小时28,800次，55小时动力储存。

GLASHÜTTE ORIGINAL（格拉苏蒂）
Senator Ewiger Kalender

我喜欢简约的东西。GLASHÜTTE ORIGINAL（格拉苏蒂）的万年历同样是超级简约和清晰的万年历的典范之作，尤其是新款，用上了桃花指针和罗马刻度，更有原本的怀表风趣。机芯是自动的，万年历是清晰易读的，设计是经典而古朴的。而且，它应该不用30万元人民币就可以拥有了。*18K红金表壳，直径42mm，厚度13.6mm。Cal.100-02自动机芯，直径31.15mm，厚度7.1mm，59石，摆频每小时28,800次，55小时动力储存。*

ROGER DUBUIS（罗杰杜彼）
La Monegasque Big Number Chronograph

我喜欢计时表，是因为这种结构非常复杂，放眼天下，可以将计时表做得好的品牌，其实凤毛麟角。ROGER DUBUIS（罗杰杜彼）的作品独辟蹊径，用迷你自动计时机芯，不光将计时的美很好地保留，又省却了上弦的麻烦；它的盘面设计，是标准的"澳门风格"，很雅痞，很有谈人生的豁达大气。*18K红金表壳，直径44mm，黑色PVD涂层钛金属表圈，鳄鱼皮表带配红金针扣。Cal.RD78自动机芯，直径31mm，厚度5mm，33石，摆频每小时28,800次，48小时动力储存。限量128只。*

50

万元功能表最佳推荐

PATEK PHILIPPE（百达翡丽）
Ref.5130

据说，铂金的Ref.5130现在价格超过50万元了。一再地升价，我已经有些招架不住。但，Ref.5130依然是世界上最容易使用的国际时间手表，这一点就很有说服力。它接近最贵，但绝对是*最好*。*18K红金、白金或铂金表壳。直径39.5mm。Cal.240 HU自动机芯，摆频每小时21,600次，48小时动力储存。*

A. LANGE & SÖHNE（朗格）
Datograph 大日历视窗手动计时表

Datograph的好评，15年来没有衰落过。特别是机芯方面，同口径的也许未有堪与它匹敌者。在这个价格带里，它是大超班，PATEK PHILIPPE（百达翡丽）Ref.5170贵它多少？*18K红金或铂金表壳，直径39mm，厚度12.8mm。Cal.L951.1手动机芯，直径30.6mm，厚度7.5mm，405个零件，摆频每小时18,000次，36小时动力储存。*

IWC（万国）
Portuguese Perpetual Calendar

我大胆地将这款表列入50万元的价位之内，而它的实际售价只是一半左右，对它是真心的褒扬。放眼市场，这个功能组合是实用的，但比它好用比它便宜的却是没有。甚至给你50万元买同功能的表，就不能选Portoguese，我相信也挺头痛。*18K红金、黄金或白金表壳，直径44.2mm。Cal.51614自动机芯，7天动力储存。*

A. LANGE & SÖHNE（朗格）
Datograph 大日历视窗手动计时表

世上最漂亮的计时表，手感灵敏结实，打磨完美无瑕，大日历加上略往下坠的计时盘，有绝佳的平衡。*18K红金或铂金表壳，直径39mm，厚度12.8mm。Cal.L951.1手动机芯，直径30.6mm，厚度7.5mm，405个零件，摆频每小时18,000次，36小时动力储存。*

BREGUET（宝玑）
Ref.3357陀飞轮

陀飞轮是宝玑先生发明的，拥有她，是向天才宝玑致敬！第一块陀飞轮，BREGUET（宝玑）是首选。*18K红金表壳，直径36mm。Cal.558手动机芯。*

PATEK PHILIPPE（百达翡丽）
Ref.5960

年历是PATEK PHILIPPE（百达翡丽）的首创，喜欢PATEK PHILIPPE（百达翡丽）的人，年历表是绕不过去的，这表还加了计时，很稀有的搭配。这个价位上是性价比最好的PATEK PHILIPPE（百达翡丽）。*18K铂金或红金表壳，直径40mm。鳄鱼皮表带配折叠扣。Cal. CH 28-520 IRM QA 24H自动机芯，直径33mm，厚度7.68mm，40石，456个零件，摆频每小时28,800次，55小时动力储存。*

PATEK PHILIPPE（百达翡丽）
Ref.5159

经典款式，大家都很喜欢有后盖的将官式表壳，表盘有雕刻纹路，在PATEK PHILIPPE（百达翡丽）也很少见。*18K红金、黄金或白金表壳，直径38mm。Cal.324 S QR自动机芯，摆频每小时28,800次，45小时动力储存。*

A. LANGE & SÖHNE（朗格）
Langematik 万年历

有A. LANGE & SÖHNE（朗格）基因的大日历，小秒针也不多见，排布清晰优雅。*18K红金表壳，直径38.5mm。Cal.L922.1自动机芯，摆频每小时21,600次，46小时动力储存。*

A. LANGE & SÖHNE（朗格）
Zeitwerk

以UP/DOWN动力贮存，跳时加跳分的独特设计，好看得令人心醉。*18K红金、黄金、白金或铂金表壳，直径41.9mm。Cal.L043.1手动机芯，摆频每小时18,000次，36小时动力储存。*

PATEK PHILIPPE（百达翡丽）
Ref.5131G

掐丝珐琅欧亚地图表面，自动上弦世界时间，美得不可方物，但一表难求。*18K黄金表壳，直径39.5mm。Cal.240 HU自动机芯，摆频每小时21,600次，48小时动力储存。*

PATEK PHILIPPE（百达翡丽）
Ref.5235G

是PATEK PHILIPPE（百达翡丽）唯一的一款三针一线Regulateur，再加上年历功能，集实用和美观于一身。*18K白金表壳，直径40.5mm。Cal. 31-260 REG QA自动机芯，摆频每小时21,600次，60小时动力储存。*

A. LANGE & SÖHNE（朗格）
Zeitwerk Striking Time

前卫的左右窗跳字演绎未必人人喜欢，但颇有性格，清楚易读。A. LANGE & SÖHNE（朗格）的造工如常一流，新的"Zeitwerk"报时型号更不同凡响，两个小窗内的音锤为整个表加添动感，有声有色。铂金或18K白金表壳，直径44.2mm，厚度13.8mm。鳄鱼皮表带配针扣。Cal.L043.2手动机芯，直径36mm，厚度10mm，78石，528个零件，摆频每小时18,000次，36小时动力储存。

PATEK PHILIPPE（百达翡丽）
Ref.5960

系出名门，个人评为"中难度"的复杂机件。PATEK PHILIPPE（百达翡丽）的质量、造工不容置疑，功能实用，加上铂金表壳，性价比高。铂金表壳，直径40mm。鳄鱼皮表带配折叠扣。Cal. CH 28-520 IRM QA 24H自动机芯，直径33mm，厚度7.68mm，40石，456个零件，摆频每小时28,800次，55小时动力储存。

BREGUET（宝玑）
Ref.3357 陀飞轮

在陀飞轮表你有我有大家有的一窝蜂日子里，真正能令表迷记得起的陀飞轮始终是此始作俑者。*18K红金表壳，直径36mm。Cal.558手动机芯。*

PATEK PHILIPPE（百达翡丽）
Ref.5070

拉曼尼亚Cal.2310机芯是众多顶级表厂选用的手动计时机芯，这款表将最优秀的非本厂自产手动计时机芯发扬光大。*18K红金、黄金或白金表壳，直径42mm。Cal.27-70手动机芯，摆频每小时18,000次，约50小时动力储存。*

PATEK PHILIPPE（百达翡丽）
Ref.5960

自动上弦、全历、年历、月相、12小时计时、日与夜，实用功能齐全。*18K铂金或红金表壳，直径40mm。鳄鱼皮表带配折叠扣。Cal.CH 28-520 IRM QA 24H自动机芯，直径33mm，厚度7.68mm，40石，456个零件，摆频每小时28,800次，55小时动力储存。*

JAEGER-LECOULTRE（积家）
Duomètre à QuantièmeLunaire

JAEGER-LECOULTRE（积家）复杂功能手表在外型上一向隽永迷人，而这一只独一无二的时、分同轴飞返计时表、月相、闪电计时显示，不论在外型设计与复杂工艺都有完美兼备的呈现。

18K红金或黄金表壳，直径42mm。Cal.381手动机芯，摆频每小时21,600次，50小时动力储存。

A. LANGE & SÖHNE（朗格）
Lange 1 Timezone

A. LANGE & SÖHNE（朗格）打造机械复杂功能一向有其独到的见解，这一只智能型两地时间显示功能、用户可以以更便利的方式操作，表款具有朗格标志性偏心面盘罗列、价格合理，可说是进入朗格功能手表世界的绝佳选择。铂金、18K红金或黄金表壳，直径41.9mm。Cal.L.031.1手动机芯，摆频每小时21,600次，72小时动力储存。

GIRARD-PERREGAUX（芝柏）
1966年历天文时差手表

简约与众不同，虽都是偏心显示，却拥有自己的难以取代的风格。偏心年历显示之外还加入少见的时间等式显示功能，价格竟然如此合理，很值得推荐。18K红金表壳，直径40mm。Cal. GP033M0自动机芯，摆频每小时28,800次，46小时动力储存。

PATEK PHILIPPE（百达翡丽）
Ref.5100

这是理性加感性的选择，是近代长动力手表的奠基作之一，早于2000年推出，也是品牌近年鲜有的原创长方形新机芯。我喜欢方壳款式，喜欢方形机芯，喜欢长动力，PATEK PHILIPPE（百达翡丽）的10日链Ref.5100一直是我的至爱。*18K红金、黄金、白金或铂金表壳，尺寸34mm×46mm，厚度12mm。Cal.28-20/220手动机芯，29石，10天动力储存。*

A. LANGE & SÖHNE（朗格）
Datograph 大日历视窗手动计时表

如果只能买一枚计时表，这表应该是终极之选。量产之作，Philippe Dufour开口指名道姓只赞过一枚，那就是A. LANGE & SÖHNE（朗格）的Datograph。*18K红金或铂金表壳，直径39mm，厚度12.8mm。Cal.L951.1手动机芯，直径30.6mm，厚度7.5mm，405个零件，摆频每小时18,000次，36小时动力储存。*

王寂推荐

A. LANGE & SÖHNE（朗格）
Datograph 大日历视窗手动计时表

A. LANGE & SÖHNE（朗格） Datograph一直是我最喜欢的手表之一，经常戴在手腕上，很趁手，冰冷的铂金和暗夜一般的黑色盘面，形成极度的冷傲魅力；它的机芯比正面好看很多，那是极为德国式样的奢华，所有的金属零件都仿佛具有音符的优美抑扬。

18K红金或铂金表壳，直径39mm，厚度12.8mm。Cal.L951.1手动机芯，直径30.6mm，厚度7.5mm，405个零件，摆频每小时18,000次，36小时动力储存。

CARTIER（卡地亚）
Tortue镂空万年历

我是这么想的，CARTIER（卡地亚）——不能老是留给女人，男人也应该拥有而且值得去拥有。唯有镂空的万年历，才更能体现CARTIER（卡地亚）的设计美学，那种极为融洽地融合现代与古典的精致奢华感。*18K白金或红金表壳，尺寸45.6mm×51mm，防水深度30m。Cal.9422 MC自动机芯，摆频每小时28,800次，52小时动力储存。*

BLANCPAIN（宝珀）
全历月相珐琅面

BLANCPAIN（宝珀）的表，很适合中国人的口味，设计相当素雅，有自己的法国式的浪漫，不甚夸张，戴在手腕上，有别致的文人气质。全历月相，当然还不够复杂，与朗格的计时表自然不能同日而语，但如果加了黑色珐琅表盘，格调顿时升级。*18K红金表壳，直径42mm，黑色珐琅表盘。Cal.6639自动机芯，192小时动力储存。*

年度表王

PATEK PHILIPPE（百达翡丽）
Ref.5208

很简单的，即使Ref.5002和Ref.5208同价，我也会选后者。铂
金表壳，直径42mm。鳄鱼皮表带配折叠扣。Cal. R CH 27 PS QI自
动机芯，直径32mm，厚度10.35mm，58石，701个零件，摆频每小
时21,600次，48小时动力储存。

张澍生推荐

PATEK PHILIPPE（百达翡丽）
Ref.5208

三问的报时要从万年历读取时间，把时间参数从万年历模块隔着中间的计时模块传递给三问模块是很有难度的，但PATEK PHILIPPE（百达翡丽）做到了。缺点？就是贵！铂金表壳，直径42mm。鳄鱼皮表带配折叠扣。Cal. R CH 27 PS QI自动机芯，直径32mm，厚度10.35mm，58石，701个零件，摆频每小时21,600次，48小时动力储存。

A. LANGE & SÖHNE（朗格）
Tourbograph"Pour le Mérite"

钻石轴承陀飞轮、双追计时、芝麻链——工艺精湛、内外俱佳，复
杂机械与钻石的搭配很少见。铂金或18K红金表壳，直径41.2mm。
Cal.903.0手动机芯，摆频每小时21,600次，36小时动力储存。

PATEK PHILIPPE（百达翡丽）
Ref.5208

PATEK PHILIPPE（百达翡丽）第一次出这样的搭配。铂金表
壳，直径42mm。鳄鱼皮表带配折叠扣。Cal. R CH 27 PS QI自动机
芯，直径32mm，厚度10.35mm，58石，701个零件，摆频每小时
21,600次，48小时动力储存。

PATEK PHILIPPE（百达翡丽）
Ref.5208

与Ref.5207比较，到底是陀飞轮比计时更复杂或反之，但以定价而论疑似后者，表面的编排更井井有条，月相倒放更见经典，表王美誉，绝非偶然。铂金表壳，直径42mm。鳄鱼皮表带配折叠扣。Cal. R CH 27 PS QI自动机芯，直径32mm，厚度10.35mm，58石，701个零件，摆频每小时21,600次，48小时动力储存。

GREUBEL FORSEY（高珀富斯）
Invention Piece 2

以品牌Quadruple Tourbillon为基础，将陀飞轮在左下方相连变成对角，由差动装置将两组陀飞轮连在一起。GREUBEL FORSEY（高珀富斯）一向以优质打磨见称，见后更爱不释手。18K红金或铂金表壳，直径43.6mm。手动机芯，摆频每小时21,600次，56小时动力储存。

HARRY WINSTON（海瑞温斯顿）
Opus11

运作如变形金刚，代替时针的24个字牌瞬间将字牌转换至正确位置，显示出下一个整点时间，表壳右上方为分钟，下方显露摆轮运作。18K白金表壳。手动机芯，155石，566个零件，48小时动力储存。限量111只。

GREUBEL FORSEY（高珀富斯）
Quadruple Tourbillon

通常一个陀飞轮已被公认为难度的里程碑，那么四个怎样算？
将四个分两对连结起来又怎样征服？一言以蔽之，构思与制作
皆出类拔萃，登峰造极！*铂金或18K红金表壳，直径43.5mm，
厚度16.06mm。鳄鱼皮表带搭配金制折叠扣。手动机芯，直径
36.4mm，厚度9.7mm，63石，531枚零件，摆频每小时21,600次，
50小时动力储存。*

PATEK PHILIPPE（百达翡丽）
Ref.5208

三问、万年历、计时、自动上弦、月相、日与夜，集多重实用复
杂功能于一身。铂金表壳，直径42mm。鳄鱼皮表带配折叠扣。
Cal.R CH 27 PS QI自动机芯，直径32mm，厚度10.35mm，58石，
701个零件，摆频每小时21,600次，48小时动力储存。

IWC（万国）
Siderale葡萄牙系列恒星时陀飞轮手表

2011年年底才刚推出的新作，恒星时的天体运行、时间等式显示在表背，正面有大摆轮跳秒陀飞轮，高度复杂的功能内涵，却简洁一如往昔，设计平衡杰出。*18K白金或自定表壳材质，直径46mm。Cal.94900手动机芯，摆频每小时18,000次，96小时动力储存。*

GREUBEL FORSEY（高珀富斯）
Invention Piece 2

我一直十分欣赏这个品牌的工艺与机械创意，特别是其双陀飞轮倾斜30度，高精准度的性能。Invention Piece 2大胆地将两枚双陀飞轮以一个球体差动装置连结，并且在中间使用了恒定力装置稳固了陀飞轮的运转，高超的技巧很难有人超过。*18K红金或铂金表壳，直径43.5mm。手动机芯，摆频每小时21,600次，56小时动力储存。*

BREGUET（宝玑）
Classique 7800 Réveil Musical

多半人忽略了其20秒音乐演奏的技术，其中使用了磁性控制的全无声调速器，可说是BREGUET（宝玑）在创新技术与传统工法中得到的最佳平衡佳作。*18K黄金或铂金表壳，直径48mm。Cal.777M自动机芯，硅擒纵，摆频每小时28,800次，55小时动力储存。*

佘宗明推荐

URWERK（和域）
UR-110

在所有非传统的高级手表中，我最欣赏就是URWERK（和域），样子古灵精怪，显示离经叛道，但又体现出传统制表工艺，既先进又有一种19世纪的工艺味道。这枚UR110是2011年新作，表面那条机械臂似的时分显示实在很憨人，但有一种童真，有一种幽默感在里面。钛金属及不锈钢表壳，尺寸47mm×51mm，厚度16mm。Cal.UR 9.01自动机芯，摆频每小时28,800次，39小时动力储存。

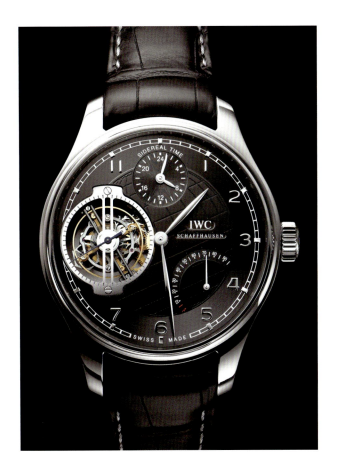

IWC（万国）
Siderale 葡萄牙系列恒星时陀飞轮手表

如果不计较成本的话——假设我没有记错的话，这款表只有欧元定价，75万——它还是一只相当不错的表。年度表王，它属于姗姗来迟，因为它不是日内瓦首发，而是国庆节期间才发表的最新款式，追求星象的变换，才能追求独一无二的订制。它只接受订制。*18K白金或自定表壳材质，直径46mm，防水深度30m。Cal.94900手动机芯，摆频每小时18,000次，96小时动力储存。*

PATEK PHILIPPE（百达翡丽）
Ref.5208

任何人做一个选择，都会尽量做出一个至优的；以复杂程度来说，我相信它已经足够足够复杂；以品质来说，那是毋庸置疑的最顶级；以品牌价值来说，好像就更加不用说了……这一款当选年度表王，也许有些人会不服气，也许会怎么样怎么样，但是，你找不出反驳的理由。这，就是它的无敌魅力。铂金表壳，直径42mm。鳄鱼皮表带配折叠扣。Cal. R CH 27 PS QI自动机芯，直径32mm，厚度10.35mm，58石，701个零件，摆频每小时21,600次，48小时动力储存。*

深海「特种兵」的昨日今朝

PANERAI（沛纳海）

PAM373 - Radiomir 3 Days Platino

铂金表壳，直径47mm，防水深度100米。鳄鱼皮表带配18K白金针扣。Cal.P.3000手动机芯，直径37.2mm、厚度5.3mm，21石，162个零件，摆频每小时21,600次，双发条盒，三天动力储存。限量199只。

PAM425＆PAM449 - Radiomir S.L.C. 3 Days

不锈钢表壳，直径47mm，100m防水。牛皮表带配不锈钢针扣。Cal.P.3000手动机芯。直径37.2mm、厚度5.3mm，21石，162个零件，摆频每小时21,600次，双发条盒，三天动力储存。PAM449限量500只。

很多人都知道PANERAI（沛纳海）品牌始于1860年，但是其手表的历史则是伴随着意大利海军的一只特别的突击队的诞生而开始。在这之前，PANERAI（沛纳海）的主要角色则是意大利海军所使用的仪器仪表及工具的主要供应商，同时，他还经营着一家较有名气的钟表店，销售其它品牌的钟表产品。

1935年，意大利海军为了给突击队寻找合适的手表对多款市场上的手表款式进行了测试，结果均不满意，最终还是向PANERAI（沛纳海）寻求协助。1936年，PANERAI（沛纳海）将第一支Radiomir手表送到海军潜水部队总部。表壳及机芯为委托ROLEX（劳力士）生产，具有直径47mm超大靠垫形表壳，钢线式表耳，以及无数字的表盘刻度。军方对

这款表的测试结果为"各方面表现极佳"。据记载，这款表当年只生产一到两只供测试之用，为首款真正意义上的专业潜水表。2011年PANERAI（沛纳海）推出了复刻版手表Ref.PAM373，表盘设计采用了首只试作手表的设计。采用铂金表壳，搭载最新推出的自产机芯Cal.P.3000，限量仅199只，与鳄鱼皮表带的搭配使其显得格外奢华。2012年，这一概念得到了延续，推出了不锈钢表壳的Ref.PAM449，机芯相同，而不锈钢表壳的价格自然平实了许多。此外它的指针为蓝钢，搭配牛皮表带更接近于历史，军表气质鲜明。只是依然为限量生产，只有500只。另外的非限量款式为金色指针，6时位带有潜水快艇图案。

PAM424& PAM448 - Radiomir California 3 Days
不锈钢表壳，直径47mm，防水深度100米。牛皮表带配不锈钢针扣。Cal.P.3000手动机芯。直径37.2mm、厚度5.3mm，21石，162个零件，摆频每小时21,600次，双发条盒，三天动力储存。PAM448限量500只。

　　还是回到1936年。样品表得到意大利海军的认可之后，PANERAI（沛纳海）继续对这款表进行了一些改良，包括加入3、6、9、12数字，以及采用三明治表盘以进一步增强其夜光性能等。正式投入生产手表编号为Ref.3646，其设计完整的延续至今，作为PANERAI（沛纳海）两大系列中的Radiomir系列。Ref.3646当年还有另一种盘面，被称为加州盘，这种盘面的由来如今似乎没有确凿的说法，一种说法是加州盘避开了4、5、7、8这四个用罗马数字显示比较复杂的数字，以便读时更加方便。第二种说法是重新设计，带有数字的表盘在实际生产时并不是那么顺利，于是ROLEX（劳力士）便向PANERAI（沛纳海）提供了一种样品表盘，一半为罗马数字，一半为阿拉伯数字，以便让PANERAI（沛纳海）在其中选择其一。我个人更倾向于第二种说法，因为有另一段小插曲说加州盘意外的很受一些军官喜欢，他们称其为"游泳的战士"，于是便委托意大利海军订购了一些，带有这种盘面的表款也便持续生产了一段时间。既然有人喜欢这种"无心插柳"之作，ROLEX（劳力士）便将这一盘面保留了下来，同时应用到自家的手表上。

　　这种加州盘的表款在2011年及今年同样出了复刻版，

2011年为18K白金表壳，搭载当年最新的Cal.P.3000机芯，今年同样改为了不锈钢表壳，搭配蓝钢指针的限量500只，另一款非限量的为金色指针另增加了日历显示。对于限量与非限量，PANERAI（沛纳海）自然拿捏的非常准确。有了日历可能更实用，加上一个小潜艇可能更有看点，普通戴的话，都是很好的选择，但真要讲究的话，一定是原汁原味的，只有两根针的款式才是首选。

PAM398 &PAM399 - Radiomir 1940

PAM399，不锈钢表壳配黑色表盘；PAM398，18K红金表壳配棕色表盘，直径47mm，Plexiglas树脂玻璃表镜，皮革表带配针扣。Cal.OP XXVII手动机芯，以Minerva 16-17手动机芯为基础，直径37.8mm，18石，摆频每小时18,000次，55小时动力储存。两款表各限量100只，特别制作50套对表（编号相同，从1到50）。

Ref.3646正式量产后，PANERAI（沛纳海）继续针对这款表的一些薄弱环节进行改进：⑴改进钢线式表耳，提高强度；⑵夜光材料Radiomir具有很强的放射性，寻找其他可替代的材料；⑶进一步提升表把的防水性能。在1940至1950年代，改进后的Ref.6152、Ref.6152-1及Ref.6154逐渐成为PANERAI（沛纳海）的主要款式，奠定下了今天Luminor系列的雏形。表壳继表壳由一整款钢材打造，取代之前的钢线式表耳。表把处增加护桥，一个杠杆式锁紧装置可将表把压紧，防水深度增加到200m。这一装置于二战后获得专利，也成为PANERAI（沛纳海）当代表款最醒目的标志。

Ref.6152和Ref.6152-1也有保留螺旋表把的款式，到了Ref.6154则全部使用带有护桥的表把设计。机芯方面继续使用ROLEX（劳力士）的Cal.618机芯，另有使用Angelus 8日动力储存机芯的款式。这一时期也同时开始尝试采用无放射性Luminor作为荧光材料。Luminor与之前的Radiomir、Marina Militare（意大利军用表标识）一起成为表盘上的主要标识之一。

这段历史如今再次重现在人们眼前，在2011年便已经开始，复刻了Ref.6152带表把护桥的款式。2012年进一步完善，推出了18K红金表壳的Ref.PAM398及不锈钢表壳的Ref.PAM399，采用螺旋式表把，搭配与表耳一体成型的表壳。在我印象中，这一组合在PANERAI（沛纳海）近代表款中还是首次出现。透过表背可以看到以Minerva Cal.16-17机芯为基础打造的Cal.OPXVII手动机芯。配有超大的砝码式摆轮、鹅颈式微调，其中一个夹板特别做了一些镂空装饰，将三个传动轮裸露了出来，整枚机芯美得无与伦比。看到此，恐怕还不能高兴太早，这两款分别只限量100只，其中还有50只是成套销售的。数量如此之少，为收藏市场再燃起了一把大火。

如果非要对这款表挑剔一番的话，我想去掉表盘上的小秒针可能更显传统一些，因为当年搭载ROLEX（劳力士）Cal.618机芯的均为两针款。如果带有小秒针，便是搭载了Angelus 8日动力机芯。另一款Ref.PAM422更像是与当年呼应的新作，带有表把护桥，小秒盘，内部搭载了Cal.P.3001 3日动力储存机芯。重要的是，这款并非限量，价格也相当实在，可以毫不犹豫地抢上一只。

PAM422 - Luminor Marina 1950

不锈钢表壳，直径47mm，皮革表带配不锈钢针扣，防水深度100米。Cal.P.3001手动机芯，直径37.2mm、厚度6.3mm，21石，207个零件，摆频每小时21,600，双发条盒，三天动力储存。

PAM00382 Luminor Submersible 1950 3 Days AutomaticBronzo

　　青铜表壳，直径47mm，钛金属表底外圈和表扣，附一条备用表带，防水深度300米。Cal. P.9000自动机芯，厚度7.9mm，28石，摆频每小时28,800次，197个零件，双发条盒，3天动力储存。限量1,000只。

　　PANERAI（沛纳海）直到1993年才开放民间市场，首先推出了Luminor和Mare Nostrum限量版表款。其中后者是1942年的试验款式，起初是为海军军官或文职人员而设计的表款，为品牌首款计时表，但一直没有进行量产。可能因为这个款式与人们心目中的PANERAI（沛纳海）相距甚远，品牌也很快放弃了这一设计。而Luminor系列凭借绝对原创同时始终如一的军表风格及品质，再加上1995年与史泰龙一起在电影《十万火急》中的亮相，迅速名气大增。都说好汉不提当年勇，PANERAI（沛纳海）1997年加入Vendôme集团之后继续突破创新，如今的成绩用"辉煌"二字形容绝不过份。它与意大利海军的那段历史则更是锦上添花，为每款作品均赋予了一丝传奇色彩。

　　本页中的几款新作，作为PANERAI（沛纳海）创新脚步的代表，在材质或机芯方面均有非常精彩的展现，特别是PAM382，在2011颖川堂评报中入选10万元运动表最佳推荐，在本书中频繁出镜。复古的造型、限量生产以及特殊材质的表壳本身已是令人瞩目元素。同时青铜材质的表壳随着佩戴自然氧化更将赋予每款表独一无二的魅力。

　　PANERAI（沛纳海）在机芯方面的成绩同样不容小视。早期的表款多数搭载了ETA机芯的，这让很多钟表爱好者谓之诟病。曾有人笑称PANERAI（沛纳海）是将ETA

PAM396 · Luminor 1950 Tourbillon GMT Ceramica

　　黑色陶瓷表壳，直径48mm，黑色PVD涂层钛金属底盖，皮革表带配黑色PVD涂层不锈钢表扣，防水深度100米。Cal.P.2005/B手动机芯，直径36.6mm，厚度9.1mm，30秒陀飞轮，31石，239个零件，摆频每小时28,800次，三发条盒，六天动力储存。

Cal.6497卖得最贵的品牌。这一方面在2007年之后得到了极大改观，其自产机芯研发速度之快令人赞叹。如今已有十余款自产机芯推出，可以满足旗下全线表款。这些机芯将在本文的最后两页集中展示。

PAM375 · Luminor Composite 1950 3 Days

　　棕色PaneraiComposite材质，直径47mm，皮革表带配Panerai Composite材质表扣，附一条备用表带，防水深度100米。Cal.P.3000/1手动机芯，直径37.2mm，厚度5.3mm，21石，摆频每小时21,600次，双发条盒，3天动力储存。限量2,000只。

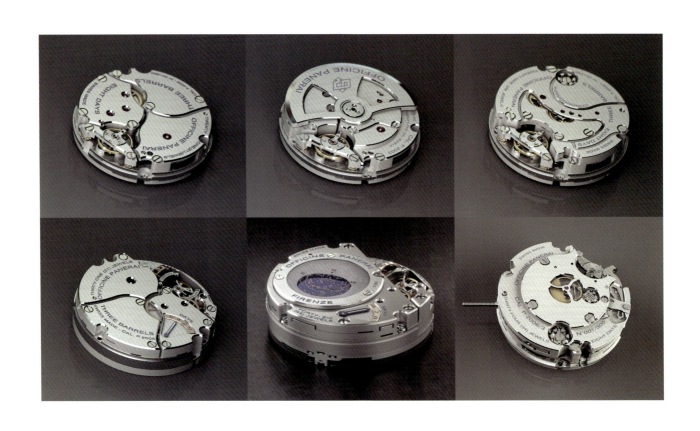

编号	直径	厚度	宝石轴承	零件数量	摆频每小时	动力储存	功能
Cal.P.2002	31mm	6.6mm	21	247	每小时28,800次	8天	时、分、秒、日期、第二时区显示，秒针归零装置
Cal.P.2003	31mm	8mm	25	296	每小时28,800次	10天	时、分、秒、日期、第二时区显示，秒针归零装置
Cal.P.2004	31mm	8.2mm	29	321	每小时28,800次	8天	时、分、秒、第二时区显示，单按钮计时，秒针归零装置
Cal.P.2005	36.6mm	9.1mm	31	239	每小时28,800次	6天	时、分、秒、第二时区显示，30秒垂直旋转陀飞轮装置
Cal.P.2005/G	36.6mm	11.04mm	46	375	每小时28,800次	4天	时、分、秒、日期、月份、第二时区、真太阳时、日出日落时间、夏令时、星空显示、30秒垂直旋转陀飞轮装置
Cal.P.2006	31mm	9.55mm	34	356	每小时28,800次	8天	时、分、秒显示，追针计时，秒针归零装置

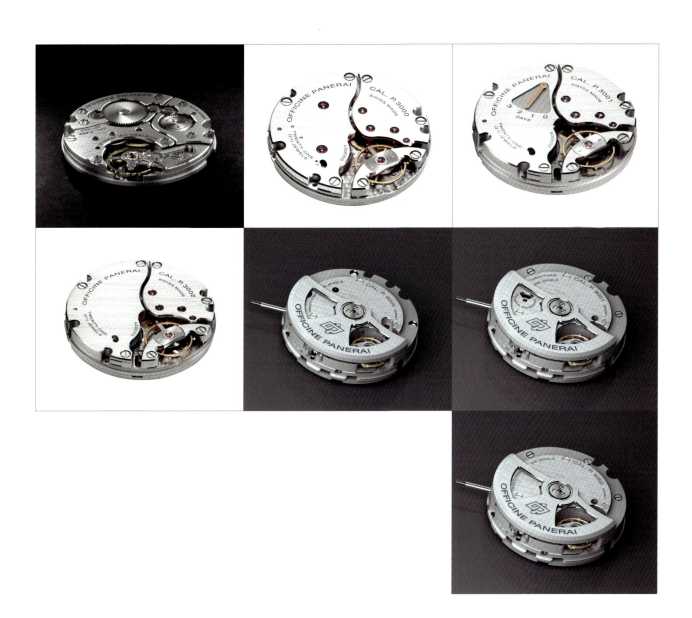

编号	直径	厚度	宝石轴承	零件数量	摆频每小时	动力储存	功能
Cal.P.999	27mm	3.4mm	19	154	每小时21,600次	60小时	时、分、秒显示
Cal.P.9000	31mm	7.9mm	28	197	每小时28,800次	3天	时、分、秒、日期显示
Cal.P.9001	31mm	7.9mm	29	229	每小时28,800次	3天	时、分、秒、日期、第二时区显示，秒针归零装置
Cal.P.9002	31mm	7.9mm	29	237	每小时28,800次	3天	时、分、秒、日期、第二时区显示，秒针归零装置
Cal.P.3000	37.2mm	5.3mm	21	162	每小时21,600次	3天	时、分、秒、日期显示
Cal.P.3001	37.2mm	6.3mm	21	210	每小时21,600次	3天	时、分、秒、日期、第二时区显示，秒针归零装置
Cal.P.3002	37.2mm	6.3mm	21	211	每小时21,600次	3天	时、分、秒、日期、第二时区显示，秒针归零装置

专卖店		
城市	**联系地址**	**联系电话**
A. LANGE & SÖHNE（朗格）		
上海	淮海中路812号	+86/021 6323 2109
AUDEMARS PIGUET（爱彼）		
北京	东城区东长安街1号东方广场首层SS03	+86/010 8518 0028
	朝阳区建国路87号新光天地一层M1005室	+86/010 5738 2480
上海	南京西路1038号梅龙镇广场111铺	+86/021 6218 6586
	南京西路1177号	+86/021 6272 6903
大连	中山区解放路19号F105	+86/0411 8230 7803
	中山区人民路8号1楼	+86/0411 8265 9898
	中山区友好广场远洋洲际大厦B座6号	+86/0411 8265 9797
西安	南大街36号	+86/029 8726 3153
苏州	人民路383号泰华商城一层爱彼专柜	+86/0512 6572 2036
宁波	中山东路天一广场1号门 闸街190号	+86/0574 8725 3928
济南	泺源大街66号银座商城百货商场	+86/0531 8606 5639
青岛	市南区澳门路117号	+86/0532 6678 8006
深圳	宝安1881号万象城二期S116商铺	+86/0755 2227 4726
哈尔滨	南岗区东大直街323-1号	+86/0451 5390 5166
长春	重庆路968号	+86/0431 8896 8684
BLANCPAIN（宝珀）		
北京	朝阳区建国路87号新光天地商场一层	+86/010 6533 1360
	建国门外大街22号赛特购物中心一层	+86/010 6559 9986
上海	南京西路1089号	+86/021 6287 1735
	南京东路23号	+86/021 6329 9950
BREGUET（宝玑）		
上海	南京东路23号 外滩19号	+86/021 6329 9919
北京	朝阳区建国门外大街22号	+86/010 6515 8018
宁波	海曙区和义大道88号和义大道购物中心一层C2区1048A号商铺	+86/574 8750 9600
深圳	罗湖区宝安南路1881号 华润君悦酒店D栋S123号商铺	+86/755 2221 1591
BVLGARI（宝格丽）		
上海	南京西路1266号恒隆广场106室	+86/021 6288 2892
	浦东世纪大道8号上海国金中心D座L1-6店铺	+86/021 5012 1771
北京	首都国际机场3号候机楼国内A3W8-1号铺	
	朝阳区建国路87号新光天地1层M1024号铺	+86/010 6533 1127
	朝阳区建国门外大街1号国贸商城一楼L107铺	+86/010 5866 9716
	东城区王府井大街88号108铺	+86/010 5978 5156

城市	联系地址	联系电话
北京	首都国际机场3号候机楼B2E01铺	+86/010 6455 8960
	东城区金鱼胡同8号王府饭店GF-11铺	+86/010 6510 6126
南京	中山路18号德基广场1层L132店铺	+86/025 8476 4618
哈尔滨	道里区安隆街106号哈尔滨卓展时代广场百货一层1126号铺	+86/0451 8773 7366
广州	环市东路367号丽柏广场115店铺	+86/020 8331 3267
成都	人民东路59号仁和春天百货商场1层	+86/028 8665 8802
杭州	武林广场1号杭州大厦B座1楼119铺	+86/0571 8510 8876
沈阳	沈河区北京街7-1号卓展购物中心1层1112铺	+86/024 2279 5608
深圳	罗湖区宝安南路1881号万象城S109铺	+86/0755 2265 5908
苏州	观前街245号美罗百货0101铺	+86/0512 6916 2207
太原	亲贤北街99号太原王府井百货1层	+86/0351 7887 133
天津	河西区友谊路21号天津友谊商厦1层L3铺	+86/022 8837 6207
无锡	中山路343号无锡商业大厦1层	+86/0510 8271 7268
郑州	中原中路220号裕达国际贸易中心1层	+86/0371 6795 5680
CARTIER（卡地亚）		
北京	东城区王府井金鱼胡同8号王府半岛酒店大堂	+86/010 6523 4261
	朝阳区建国门外大街1号国贸商城一层L104铺	+86/010 6505 6660
	朝阳区建国门外大街2号北京银泰中心悦·生活1层106-110号2层208-210号	+86/010 8517 1221
	东城区王府井大街88号乐天银泰百货109号店铺	+86/010 5978 5161
	朝阳区安外安立路8号时代名门商场1004-1005铺卡地亚精品店	+86/010 8498 6669
	西城区复兴门内大街101号百盛购物中心首层	+86/010 6606 8288
上海	南京西路1266号恒隆广场一层133/135	+86/021 6288 0606
	中山东一路18号A单元	+86/021 6323 5577
	浦东新区世纪大道8号国际金融中心商场L1-2 & L2-2号商铺	+86/021 5012 1518
	卢湾区淮海中路283号香港广场南座第一及第二层SL1-04及SL2-04商铺	+86/021 6390 8800
杭州	武林广场1号杭州大厦购物中心B-102店铺	+86/0571 8510 5993
	上城区平海路129号湖滨国际名品街一层至二层商铺	+86/571 8703 5100
	江干区富春路701号万象城一层151号商铺	+86/0571 8970 5008
成都	人民东路59号仁和春天百货人东店1楼	+86/028 8667 8066
南京	中山路18号德基广场一楼 L112.L113店铺	+86/025 8476 4588
长沙	五一大道368号家润多商业股份有限公司友谊商店A座卡地亚精品店	+86/0731 8565 0556
武汉	江汉区解放大道690号武汉国际广场购物中心一楼	+86/027 8571 7612
宁波	和义路66号和义大道购物中心，店铺1006	+86/0574 8389 9568
苏州	人民路383号苏州泰华商场西楼一层112号	+86/0512 6572 7020
无锡	中山路168号B101铺位	+86/0510 8273 0318
哈尔滨	南岗区花园街403号新世界百货商场一层47/59商铺	+86/0451 5365 1739

城市	联系地址	联系电话
长春	朝阳区重庆路1255号长春卓展时代广场一层A-101店	+86/0431 8896 1510
沈阳	沈河区北京街7-1号卓展购物中心一层	+86/024 2279 5151
	和平区太原北街86号中兴—沈阳商业大厦一层	+86/024 2341 2599
天津	和平区解放北路188号天津海信广场一层	+86/022 2319 8111
乌鲁木齐	友好北路589号美美百货	+86/0991 6999 800
太原	府西街45号华宇国际精品商厦102商铺	+86/0351 333 9698
大连	中山区人民路41号大连新世界大厦101-102、201-202#	+86/0411 8807 8765
青岛	澳门路117号 海信广场115/117 铺	+86/0532 6678 8118
广州	环市东路369号广州友谊商店一层	+86/020 8359 0702
深圳	深南中路1095号中信城市广场西武百货1013-1014店铺	+86/0755 2594 3633
	罗湖区宝安南路1881号华润万象城二期S133，S233号商铺	+86/0755 2265 5195
昆明	白塔路131号金格百货汇都店F1铺	+86/0871 3123 292
温州	鹿城区车站大道577号财富购物中心一层105-109号	+86/0577 8800 7608

F.P.JOURNE

城市	联系地址	联系电话
北京	建国门外大街1号国贸三期3L208	+86/010 8517 2036

GIRARD-PERREGAUX（芝柏）

城市	联系地址	联系电话
上海	静安区南京西路1266号恒隆广场地下一层	+86/021 6288 6345
	静安区陕西北路278号金鹰国际购物中心一楼	+86/021 6075 8738
北京	西城区金城坊街2号金融街购物中心L1-02铺	+86/010 6622 0280
福州	鼓楼区八一七北路268号大洋晶典一层	+86/0591 8859 0680
哈尔滨	道里区中央大街69号金安国际购物广场 一层	+86/0451 8456 7877
合肥	包河区马鞍山路130号万千百货一层	+86/0551 2891 586
宁波	海曙区中山东路166号宁波天一国际购物中心一层	+86/0574 8768 4196
沈阳	和平区中华路68号商贸饭店一层	+86/024 2341 2559
郑州	中原区中原中路220号郑州裕达国际贸易中心福福精品商场二层L228-229号	+86/0371 6772 3020
保定	朝阳北大街916号保百购物广场一层	+86/0312 3186 420

GLASHÜTTE ORIGINAL（格拉苏蒂）

城市	联系地址	联系电话
北京	东长安街1号东方新天地W2-1层 靠近王府井大街	+86/010 8518 0618

HUBLOT（宇舶）

城市	联系地址	联系电话
北京	建国门外大街1号国贸三期3L108	+86/010 8535 1127
	东城区东长安街1号东方广场1层AA01	+86/010 8515 3613
上海	南京西路1266号恒隆广场B112	+86/021 6288 9362
大连	中山区友好广场远洋洲际酒店B座6号	+86/0411 8265 7979

IWC（万国）

城市	联系地址	联系电话
上海	卢湾区淮海中路804号	+86/021 3395 0880
	浦东新区世纪大道8号上海国金中心商场 L1-15 商铺	+86/021 5012 0970

城市	联系地址	联系电话
上海	浦东新区张杨路501号	+86/021 2023 3095
	徐汇区漕西北路8号东方商厦	+86/021 6468 5605
	静安区南京西路1145号	+86/021 3256 5516
北京	朝阳区建国路87号新光天地M1030店铺	+86/010 6533 1512
	西城区金城坊街2号L119	+86/010 6622 0396
鞍山	二一九路47号甲-1号	+86/0412 2280 059
成都	春熙路北段49号	+86/028 8666 3988-204
大连	解放路1号百年城M2层	+86/0411 8230 7653
	中山区人民路8号友谊商城	+86/0411 8263 2859
	中山区一德街10号	+86/0411 8265 9797
鄂尔多斯	东胜区天骄北路14号万博购物广场B座1楼	+86/0477 8577 611
福州	鼓楼区福州大洋晶典八一七北路268号1楼133号店铺	+86/0591 8859 0705
广州	天河区天河路383太古汇商场裙楼一层L119号店铺	+86/020 3808 8355
贵阳	中华南路52号钻石广场东方表行贵阳荔星名店	+86/0851 5830 196
哈尔滨	南岗区建设街51号	+86/0451 5365 9800
杭州	武林广场21号杭州大厦A座	+86/0571 8506 3043
	平海路124号利星名品广场一楼	+86/0571 8779 1781
济南	历下区泉城路188号济南恒隆广场1层127铺	+86/0531 5563 8083
昆明	东风东路9号金格中心2楼	+86/0871 3128 704
南宁	七星路137号	+86/0771 2109 092
宁波	中山东路166号万国表专卖店	+86/0574 8768 4196
青岛	市南区澳门路117号	+86/0532 6678 8157
深圳	深南中路1095号中信城市广场福田西武百货一层1028A柜	+86/0755 2594 1112
沈阳	和平区太原北街86号	+86/024 2341 0898
	沈河区北京街7-1号一层钟表部	+86/024 2279 5588
石家庄	中山东路326号先天下购物广场一层	+86/025 8478 8029
苏州	观前街245号苏州美罗商城一层	+86/0512 6915 2866
	干将东路818号玄妙广场1座一层	+86/0512 6609 0909
太原	开化寺街135号	+86/0351 4084 3600
	长风街113号	+86/0351 8376 181
天津	河西区友谊路21号	+86/022 6086 0110
乌鲁木齐	和平北路16号天山百货大楼一楼钟表部	+86/0991 2326 131
无锡	崇安区中山路168号	+86/0510 8274 7510
武汉	江汉区新华路218号浦发银行大厦1楼	+86/027 8283 2872
西安	南大街36号	+86/029 8726 3153
长春	建和胡同79号	+86/0431 8896 0033

城市	联系地址	联系电话
长沙	芙蓉区，五一大道368号长沙友谊商店A座，一楼进口钟表部	+86/0731 8446 5098
郑州	东太康路28号	+86/0371 6628 9039
	中原中路220号裕达福福精品商场一层东方表行	+86/0371 6772 3020
重庆	江北区洋河一路68号L116	+86/023 6710 7806
	渝中区五一路重庆海逸酒店平街层	+86/023 6382 8329
JAEGER-LECOULTRE（积家）		
上海	淮海中路802号	+86/021 6195 9838
	南京西路1149号	+86/021 5292 8880
北京	王府井大街138号新东安广场128店铺	+86/010 6528 2809
天津	河西区友谊路二十一号天津友谊商厦L-28号店铺	+86/022 6086 0186
OMEGA（欧米茄）		
北京	朝阳区建国路87号新光天地M1002商铺	+86/010 6533 1616
	东城区东长安街1号东方广场东方新天地A201B商铺	+86/010 8518 7188
	西城区金城坊街2号L101-3商铺	+86/010 6622 0101
	东城区金宝街88号金宝汇110店铺	+86/010 8522 1863
	首都国际机场3号航站楼 T3E二层国际出发隔离区中央大堂	+86/010 6455 8959
	宣武门外大街8号庄胜崇光百货新馆一层	+86/010 6310 5191
	朝阳区新源南路1-3号都汇天地商场一层	+86/010 8444 2366
	海淀区中关村大街40号	+86/010 6269 6120
	海淀区远大路1号东侧1-X-1001	+86/010 8887 3971
	海淀区翠微大厦一楼	+86/010 6828 2228
	朝阳区建国门外大街22号	+86/010 6525 7366
	东城区王府井大街88号乐天银泰百货一层109铺	+86/010 5978 5171
	朝阳区建国门外大街2号北京银泰中心111-113商铺	+86/010 8517 1788
	朝阳区北辰东路8号	+86/010 8498 6022
上海	南京西路1111号	+86/021 6287 8686
	淮海中路864号	+86/021 5404 6288
	黄陂南路331号企业天地商业中心	+86/021 6340 6018
	南京东路23号（外滩19号）	+86/021 6329 9905
	南京西路1618号久光百货1楼	+86/021 6288 7021
	漕溪北路8号	+86/021 6428 5313
	淮海中路478-492号	+86/021 6384 1214
	南京东路635号	+86/021 6322 5992
	张扬路501号一楼	+86/021 5835 1946
	浦东张杨路500号华润时代广场106-108	+86/021 5836 7435
	南京西路2-88号新世界购物中心1楼	+86/021 5375 8099

城市	联系地址	联系电话
广州	环市东路三六八号花园酒店商铺G	+86/020 8365 2992
	天河区天河路383号太古汇商场裙楼第二层L214号商铺	+86/020 3868 2020
	越秀区环市东路369号	+86/020 8357 4493
	珠江西路5号一楼	+86/020 8883 2100
杭州	武林广场21号	+86/0571 8506 3043
	延安路530号	+86/0571 8519 0702
	江干区四季青街道富春路701号一层	+86/0571 8970 5710
成都	春熙路北段49号	+86/028 8667 0580
	人民东路61号	+86/028 8665 0605
	二环路西二段19号仁和春天广场一楼进口钟表部	+86/028 6555 2369
哈尔滨	南岗区果戈里大街378号	+86/0451 8810 2288-202
	中央大街100号	+86/0451 8463 9131
	南岗区东大直街329号	+86/0451 5362 0070
长春	重庆路1255号	+86/0431 8848 6783
大连	人民路8号	+86/0411 8265 9898-1066
	中山区解放路1号	+86/0411 8230 7719
	中山区青泥街57号	+86/0411 8230 1247
沈阳	和平区中山路65号	+86/024 2340 4588
	和平区太原北街86号	+86/024 2383 7171
	和平区中山路90号	+86/024 2383 4888
	沈河区中街路128号	+86/024 3109 9050
	沈河区北京街7-1号	+86/024 2279 5588
PATEK PHILIPPE（百达翡丽）		
北京	前门东大街23号	+86/010 6525 5868
上海	中山路东一路18号	+86/021 6329 6106
PIAGET（伯爵）		
北京	东单北大街金鱼胡同8号王府半岛酒店GF-8	+86/010 6512 9065
	东城区东长安街1号北京东方广场东方新天地商场首层A102号铺	+86/010 8518 2116
	朝阳区建国路87号新光天地1层120号铺	+86/010 6533 1486
上海	静安区南京西路1266号恒隆广场102B	+86/021 6288 1639
	淮海中路798号	+86/021 3395 0989
	中山东一路32号L1B号店铺	+86/021 6329 5558
	浦东新区世纪大道8号上海国金中心商场L1-12店铺	+86/021 5012 1690
广州	越秀区环市东路369号广州友谊商店	+86/020 8358 7785
杭州	江干区四季青街道富春路701号杭州万象城1层165号商铺	+86/0571 8970 5028
苏州	人民路383号苏州泰华商城1层111号	+86/0512 6572 5190

城市	联系地址	联系电话
青岛	澳门路117号海信广场奥运店1层钟表部	+86/0532 6678 8157
长沙	芙蓉中路一段478号长沙运达国际广场美美百货1层S105	+86/0731 8477 9422
RALPH LAUREN		
上海	中山东一路外滩32号半岛酒店1楼Shop L1 P-Q-R	+86/010 6329 3623
ROLEX（劳力士）		
北京	东城区东长安街33号北京饭店A座首层	+86/010 6523 1896
	朝阳区西大望路6A号新光天地M1001	+86/010 6533 1406
	东城区东长安街1号北京东方广场新天地商场首层SS08店	+86/010 8515 1888
	东城区东长安街1号北京东方广场首层SS01A店	+86/010 8518 6239
	朝阳区亮马桥路52号燕莎友谊商城四层	+86/010 6466 8919
	东城区王府井大街138号新东安广场首层129店铺	+86/010 6526 3062
	东城区王府井大街176号丹耀大厦1-3层	+86/010 6525 3490
	朝阳区建国门外大街22号赛特购物中心	+86/010 6512 3653
	海淀区远大路1号燕莎友谊商城首层金源店	+86/010 8887 3925
	海淀区复兴路33号翠微大厦一层	+86/010 6828 2228
	西城区西单北大街120号西单商场亨吉利世界名表中心一层	+86/010 6601 1216
上海	卢湾区湖滨路222号企业天地一层	+86/021 6386 6658
	徐汇区虹桥路1号港汇广场一层101A	+86/021 6407 2942
	黄浦区南京东路635号永安百货一层	+86/021 6361 5296
	卢湾区淮海中路850号一层	+86/021 5403 9803
	黄浦区南京西路2-68号新世界城一层17-18号铺位	+86/021 5152 3468
	卢湾区淮海中路478-492号	+86/021 5306 6503
	黄浦区南京东路456号	+86/021 6352 2500-3023
	闵行区沪闵路7388号	+86/021 3453 2022
	徐汇区漕溪北路8号东方商厦一层	+86/021 6487 0000-1339
	黄浦区南京东路772号	+86/021 6322 2998
	静安区南京西路1010号	+86/021 6217 5903
	静安区南京西路1618号久光久百城市广场一层S102-S103号	+86/021 6288 2819
	静安区南京西路1038号梅龙镇广场首层	+86/021 6218 6589
	长宁区遵义南路6号上海虹桥友谊商城一层	+86/021 6219 9319
	黄浦区南京东路372号一楼	+86/021 6321 2769
	静安区南京西路1117号	+86/021 5228 6876
	杨浦区淞沪路8号又一城一层	+86/021 6548 2863
	浦东新区陆家嘴西路168号正大广场一层	+86/021 5047 1822
	浦东区张扬路501号上海第一八佰伴一楼	+86/021 5835 1432
广州	天河区天河路208号天河城广场一楼130-131铺	+86/020 8523 9810

城市	联系地址	联系电话
广州	天河区天河路200号广百百货首层	+86/020 6288 2583
	越秀区环市东路369号广州友谊商店一层	+86/020 8348 3015
	天河区天河路228号正佳广场西南方一层	+86/020 3833 1825
	越秀区北京路295号广百百货一楼	+86/020 8319 0557
	越秀区北京路261号亨达利钟表商场首层	+86/020 8318 0135
SEIKO（精工）		
青岛	中山路164号	+86/0532 8283 8816
杭州	江干区富春路701号万象城购物中心B1层115号	+86/0571 8970 5773
VACHERON CONSTANTIN（江诗丹顿）		
上海	江诗丹顿之家 淮海中路796号	+86/021 3395 0800
	静安区南京西路1117-1127号铺	+86/021 5228 7881
北京	东城区东长安街1号东方广场东方新天地首层A101	+86/010 8518 9908
	朝阳区建国路87号华贸商城新光天地一层M1032号	+86/010 5738 2499
大连	中山区人民路36-38号 L1-36店铺	+86/0411 3985 7927
	中山区一德街10号	+86/0411 8265 9797
成都	人民东路61号仁和春天百货一楼	+86/028 6628 8763
宁波	和义路2号和义大道购物中心1017铺	+86/0574 8724 7005
沈阳	和平区中华路68号	+86/024 2341 1756
深圳	罗湖区宝安南路1881号华润君悦酒店	+86/0755 2221 2088
太原	府西街45号华宇精品一楼106店	+86/0351 3339 553
鞍山	铁东区219路47号	+86/0412 228 0059
香港	九龙尖沙咀广东道2号A, 1881, 1楼103号店	+852 2301 3811
	九龙尖沙咀海港城海运大厦2楼288号铺	+852 3188 5117
	铜锣湾波斯富街99号利舞台广场地下C2室	+852 3579 2538
澳门	凼仔路凼金光大道望德圣母湾大马路四季名店一层	+853 2828 2833
VAN CLEEF & ARPELS（梵克雅宝）		
上海	浦东新区陆家嘴世纪大道8号上海国金中心商场D座（商场裙房）一层（1层）L1-31室	+86/021 5012 0828
	淮海中路800号	+86/021 6195 9860
	南京西路1266号恒隆广场102A店	+86/021 6288 8100
北京	建国门外大街1号国贸商城L118A - L119A店	+86/010 6505 1919
	东城区王府井大街255号北京王府井百货大楼首层	+86/010 8516 2800
杭州	武林广场1号杭州大厦A座首层	+86/0571 8506 2929
哈尔滨	道里区安隆街106号#1135店铺	+86/0451 8773 6810
太原	杏花岭区府西街45号,华宇国际精品商厦一层107B店铺	+86/0351 3339 718
大连	中山区一德街10号	+86/0411 8265 9797

城市	联系地址	联系电话
HERMÈS（爱马仕）		
北京	朝阳区建国门外大街2号银泰商城首层	+86/010 8517 1180
	东城区王府井大街255号北京市百货大楼首层（钟表专卖店）	+86/010 6528 6800
	复兴门内大街10号百盛购物中心A座首层（钟表专卖店）	+86/010 6606 8399
	海淀区中关村大街40号北京当代商城首层（钟表专卖店）	+86/010 6262 8776
	建国门外大街1号国贸商城首层108店	+86/010 6505 1580
	王府井金鱼胡同8号王府半岛饭店首层	+86/010 8516 2888
	宣武区宣武门外大街8号庄胜崇光百货首层（钟表专卖店）	+86/010 6310 7380
上海	虹桥机场T2航站楼出发	+86/021 2238 2519
	南京西路1266号恒隆广场首层	+86/021 6288 0328
	浦东陆家嘴世纪大道8号上海国金中心一层L1-20号店铺	+86/021 5012 1788
	浦东新区张杨路501号上海市第一八佰伴首层（钟表专卖店）	+86/021 5836 6680
成都	人民南路二段18号美美力诚百货首层	+86/028 8620 0699
大连	中山区人民路50号大连时代广场首层	+86/0411 3985 7800
广州	环市东路367号丽柏广场首层	+86/020 8331 3078
	天河区天河路383号太古汇商场裙楼第一层L112号商铺	+86/020 3868 3511
杭州	湖滨路24号	+86/0571 8715 8330
	武林广场1号杭州大厦首层	+86/0571 8510 1980
哈尔滨	道里区尚志大街73号	+86/0451 5898 9761
济南	历下区泉城路188号济南恒隆广场1层103（钟表专卖店）	+86/0531 5563 8911
昆明	东风东路9号金格中心二层（钟表专卖店）	+86/0871 3119 081
	青年路418号昆明金鹰购物中心首层	+86/0871 3159 800
沈阳	青年大街288号华润中心万象城首层	+86/024 3137 9608
南京	中山路18号德基广场首层	+86/025 8476 4511
青岛	市南区澳门路117号海信广场首层	+86/0532 6678 8128
深圳	罗湖区宝安南路1881号华润中心万象城二期108号铺	+86/0755 2265 5618
苏州	观前街245号美罗商城南楼一层0122-0123号店铺	+86/0512 6916 2106
无锡	中山路343号无锡商业大厦首层	+86/0510 8118 9520-102/103

最丰富的参考信息与手表图片
最专业的大师点评
最值得收藏的手表拍卖典籍

拍卖十年记 之一

锺泳麟 著

百达翡丽

百达翡丽的投资前景如何？
第一步如何开始？
你真懂得它的收藏价值吗？

自2000年至2010年，四大国际拍卖行（佳士得、苏富比、安帝古伦、Patrizzi）卖出了数以万计的百达翡丽手表，成交价的起落曲线却波涛汹涌。本书以亚洲著名钟表收藏家锺泳麟大师10年亲战拍卖场的即时评论，案例多达700个，全书厚达288页，为您提供百达翡丽之投资与收藏最富参考价值的回答。

辽宁科学技术出版社